Georg Scherer

Kritik über Kant's Subjektivität und Apriorität des Raumes und der Zeit

Georg Scherer

Kritik über Kant's Subjektivität und Apriorität des Raumes und der Zeit

ISBN/EAN: 9783743613485

Hergestellt in Europa, USA, Kanada, Australien, Japan

Cover: Foto ©Thomas Meinert / pixelio.de

Manufactured and distributed by brebook publishing software
(www.brebook.com)

Georg Scherer

Kritik über Kant's Subjektivität und Apriorität des Raumes und der Zeit

Kritik

über

Kant's Subjektivität und Apriorität des Raumes und der Zeit.

Inaugural-Dissertation

von

Georg Scherer.

„Ist Raum und Zeit nur Schein,
so ist es auch die Moral und das Recht!"
J. H. v. Kirchmann.

Frankfurt a. M.
Verlag von Franz Benjamin Auffarth.
1871.

Druck von Theodor Wentz, in Frankfurt a. M.

Kritik

über

Kant's Subjectivität und Apriorität des Raumes und der Zeit.

Vorbemerkungen.

Motto: „Der kritische Weg ist allein noch offen".
Kant, Kritik der reinen Vernunft.

„Welche wol bleibt von allen den Philosophieen?
Ich weiss nicht;
„Aber die Philosophie, hoff' ich, soll ewig bestehn".
Schiller, Die Philosophieen.

Die Philosophie als Wissenschaft ist die denkende Bearbeitung der Begriffe um der absoluten Wahrheit willen; wer daher diese will, darf jene nicht scheuen. Erst wenn die intellectuelle Anschauung, die der Begriff ausdrückt, dem Wesen vollkommenster Wahrheit in Bezug auf die letzten Principien alles Seins und die obersten Normen alles sittlichen Handelns entspricht, hat die Philosophie ihre erhabene Aufgabe würdig gelöst. Unter allen Begriffen sind nun besonders zwei, die den Philosophen von jeher nicht wenig zu schaffen gemacht, und deren jeweilige Auffassung für die ganze Philosophie von durchgreifendem Einfluss war, nämlich Raum und Zeit. Auf sie hat der Schöpfer der neueren Philosophie Kant ein System gegründet, dessen Tiefe und Scharfsinn bei allen nachkommenden Geschlechtern Bewunderung erregen wird, und in dem alle Systeme der Philosophie bis heute mehr oder weniger wurzeln. Gleichwol zeigen die Folgerungen dieses Riesengebäudes menschlichen Verstandes, dass sich in ihm der Irrthum einen Palast erbaut. Nicht darf uns darum die kunstvolle Kette von Schlüssen abschrecken von der mühsamen Arbeit, den Grund und das Fundament zu untersuchen, worauf das stolze Gebäude sich erhebt. Bei dem unberechenbaren Einfluss, den Kant nicht bloss auf die ganze neuere Philosophie, sondern auch auf Theologie, Poesie[1]) und selbst auf die neuere Naturwissenschaft[2]) ausgeübt, scheint uns eine solche Untersuchung um so nothwendiger, „als die späteren Systeme sich meist begnügt haben, über Kant hinauszugehen und ihre Sätze einfach den seinigen entgegenzustellen, eine genaue, in's Einzelne gehende Würdigung der Beweisgründe Kant's sich nicht findet, obgleich sie es sicher verdienen. Ein sicherer Fortschritt über Kant hinaus erfordert vor Allem, dass Kant's Ausführungen über die Idealität des Raumes und der Zeit, auf welchen das System erbaut ist, in ihren Mängeln und Schwächen dargelegt werden." Wenn wir nun den bescheidenen Versuch einer solchen Prüfung wagen, so hat uns dazu weniger das Vertrauen auf eigene Kraft, als die Ueberzeugung von der Wichtigkeit eines solchen Beginnens veranlasst. Zu unserer weiteren Rechtfertigung mögen hier noch einige Worte H. von Kirchmann's[3]) eine Stelle finden. „Kein Theil der Kritik hat so schnell und dauernd Anerkennung gefunden, als die Lehre von der Idealität des Raumes und der Zeit. Kant hat mit grossem Geschick die Gründe gegen die Wirklichkeit beider zusammengestellt. Man ist um so eher bereit sich ihnen hinzugeben, als man sich in den Regionen des reinen Denkens befindet und von der Welt sonst keine Notiz nimmt. Es ist deshalb nöthig, auf die verheerenden Folgen dieser Idealität

---

[1]) Man vergleiche unter vielen anderen Schriften Karl Tomaschek, Schiller und Kant. Wien 1857. Kuno Fischer, Schiller als Philosoph. Frankfurt am Main 1858.

[2]) Michelis, die Philosophie Kant's und ihr Einfluss auf die Entwicklung der neueren Naturwissenschaft in: Natur und Offenbarung VIII. Bd., Münster 1862.

[3]) J. H. von Kirchmann, Erläuterungen. Berlin 1869.

für alle Gebiete des Wissens und Handelns aufmerksam zu machen. Es wird damit nicht allein alle theoretische Erkenntniss in Schein und Nebel aufgelöst; denn Erscheinung ist auch nur Schein; selbst die Moral und das Recht können dabei ihre Geltung nicht behalten. Das menschliche Leben, der Besitz körperlicher Dinge, die aus Zwecken und deren zeitlicher sinnlicher Verwirklichung bestehenden menschlichen Handlungen sind so vollständig von Raum und Zeit durchdrungen, dass mit Aufhebung dieser beiden auch jene unmöglich werden. Die Begriffe von Reue, Busse, Lohn, Strafe können ohne eine zeitlich vorangehende Handlung gar nicht gedacht werden. Ist also Raum und Zeit nur Schein, so ist es auch die Moral und das Recht. Kant täuscht sich, wenn er meint, seine theoretische Philosophie lasse die praktische unberührt, und letztere gewähre eine Erkenntniss der wirklichen Dinge, die zu Gott und der Unsterblichkeit reiche. Schon Schopenhauer hat ausgeführt, dass mit Aufhebung des Raumes und der Zeit, als Dinge an sich, auch die Vielheit der Menschen sich nicht erhalten könne. Er zog konsequent die Folgerung, dass die vielen Menschen nur Schein sind, und dass es nur einen raum- und zeitlosen Willen gebe. Moral und Recht setzen aber eine Mehrheit von Menschen voraus; sind diese Schein, so sind sie es auch. Diese Konsequenzen zeigen, wie nothwendig es ist, die Beweise Kant's über Raum und Zeit von allen Seiten zu prüfen, ehe man sich ihnen gefangen gibt."

Eine solche Prüfung soll nun der Vorwurf nachfolgender Blätter sein. Wir beginnen mit der

„Einleitung."

I.

Von dem Unterschiede der reinen und empirischen Erkenntniss.

„Dass alle unsere Erkenntniss mit der Erfahrung anfange, daran ist gar kein Zweifel; denn wodurch sollte das

Erkenntnissvermögen sonst zur Ausübung erweckt werden, geschähe es nicht durch Gegenstände, die unsere Sinne rühren und theils von selbst Vorstellungen bewirken, theils unsere Verstandesfähigkeit in Bewegung bringen, diese zu vergleichen, sie zu verknüpfen oder zu trennen, und so den rohen Stoff sinnlicher Eindrücke zu einer Erkenntniss der Gegenstände zu verarbeiten, die Erfahrung heisst? Der Zeit nach geht also keine Erkenntniss in uns von der Erfahrung vorher und mit dieser fängt alle an.

Wenn aber gleich alle unsere Erkenntniss mit der Erfahrung anhebt, so entspringt sie darum doch nicht eben alle aus der Erfahrung. Denn es könnte wol sein, dass selbst unsere Erfahrungserkenntniss ein Zusammengesetztes aus dem sei, was unser eigenes Erkenntnissvermögen (durch sinnliche Eindrücke bloss veranlasst) aus sich selbst hergibt, welchen Zusatz wir von jenem Grundstoffe nicht eher unterscheiden, als bis lange Uebung uns darauf aufmerksam und zur Absonderung derselben geschickt gemacht hat."

Die Frage über den Ursprung und die Quelle unserer Erkenntnisse ist so alt, wie die Philosophie überhaupt. Aristoteles vergleicht die Seele mit einer unbeschriebenen Wachstafel, die zwar der Möglichkeit, aber noch nicht der Wirklichkeit nach ein Buch sei. Anknüpfend an Aristoteles behaupteten die Stoiker: Die Seele ist ursprünglich eine leere Tafel, ein unbeschriebenes Blatt Papier. [1]) Sie gewinnt den Inhalt ihres Bewusstseins erst durch die Eindrücke der Aussenwelt. Jede Vorstellung entsteht nämlich aus der sinnlichen Einwirkung eines vorstellbaren Gegenstandes auf die Seele. [2]) Diese Einwirkung dachten sich die Stoiker als Abdruck des Gegenstandes in der Seele. Kleanthes vergleicht diesen Abdruck mit dem Abdruck eines Siegelringes in Wachs. [3]) All unser Wissen ist durch die

---

1) Plut. de plac. phil IV. 11, 1.

2) Plut. de plac. phil. IV. 12, 1.

3) Sext. Emp. adv. Math. VII, 228.

Sinne vermittelt. Locke tritt in seinem ersten Buche der Untersuchung über den menschlichen Verstand der Ansicht, dass es angeborene Erkenntnisse gebe, entgegen und weist im zweiten Buche positiv nach, woher der Verstand seine Vorstellungen erhalte. Er nimmt an, die Seele sei ursprünglich gleich einem weissen unbeschriebenen Blatt Papier ohne alle Vorstellungen. Sie erlangt solche durch Erfahrung. Alle unsere Erkenntniss gründet sich auf die Erfahrung und entspringt aus ihr. Die Erfahrung ist aber eine zweifache, eine äussere und eine innere, Sensation und Reflexion, je nachdem sie die äusseren wahrnehmbaren Gegenstände oder die inneren Wirkungen unseres Geistes zum Gegenstande hat. Leibniz tritt diesen Ausführungen in seinem Werke [1]) über Locke's „Essay concerning human understanding" zwar entgegen; allein auch er nimmt an, dass die Ideen nicht als bewusste Vorstellungen angeboren seien, sondern nur als schlummernde Vorstellungen, als „idées innées," die noch nicht „connues" seien. Die Vorstellungen bilden sich sämmtlich durch ein Zusammenwirken äusserer und innerer Factoren; Locke hat die ersteren, Leibniz die letzteren betont.

Kant wirft nun die Frage auf, ob es auch von der Erfahrung und selbst von allen Eindrücken der Sinne unabhängige Erkenntnisse gebe. Diese Erkenntnisse sollen auch nicht einmal aus einer Regel abgeleitet werden, die wir der Erfahrung entlehnt haben; sie sollen weder von dieser, noch von jener, sondern schlechterdings von aller Erfahrung unabhängig stattfinden. Eine solche Erkenntniss nun nennt Kant eine Erkenntniss a priori. Dass es solche Erkenntniss gebe, ist vor Kant noch niemand zu meinen eingefallen, wie auch vor ihm noch niemand das Wort a priori in diesem Sinne angewandt hat. Erkenntniss a priori heisst in dem seit Aristoteles üblichen und in der ganzen Scholastik gebräuchlichen Verstande: Erkenntniss aus den realen Ursachen,

---

[1]) Nouveaux essais sur l'entendement.

Erkenntniss ex causis, während a posteriori heisst ex effectibus, Erkenntniss aus den Wirkungen. [1]) Erfahrung, innere und äussere, reale Ursachen, äussere Gegenstände und deren sinnlichen Eindrücke vermögen mit Hilfe der Receptivität des Geistes Erkenntnisse hervorzubringen. Wie aber die Vernunft ohne alle Erfahrung aus dem Leeren schliessen, wie sie etwas ableiten will a priori ohne ein Prius, „wie Verstand und Vernunft sich selbst gebären wollen, ohne von der Erfahrung geschwängert zu sein," wie die Vernunft aus nichts sich etwas zaubern könne, das zu begreifen wird niemals möglich sein. Wie in der ganzen Natur bekanntlich aus nichts nie etwas werden kann, so ist es auch mit der Seele. „Aus nichts wird nichts." [2]) Jede Idee bedarf einer Ursache, warum sie vorgestellt wird, Resp. I, 54; alle Vollkommenheit, die objectiver- oder vorgestellterweise in der Idee als im Bilde ist, muss real in einer Ursache derselben sein." [3])

II.

„Wir sind im Besitze gewisser Erkenntnisse a priori, und selbst der gemeine Verstand ist niemals ohne solche."

„Nothwendigkeit und strenge Allgemeinheit sind also sichere Kennzeichen einer Erkenntniss a priori und gehören auch unzertrennlich zu einander. Dass es nun dergleichen nothwendige und im strengsten Sinne allgemeine, mithin reine Urtheile a priori im menschlichen Erkenntniss wirklich gebe, ist leicht zu zeigen. Will man ein Beispiel aus den Wissenschaften, so darf man nur auf alle Sätze der Mathematik hinaussehen."

Wir werden nun den Nachweis liefern, dass die Sätze der Mathematik nicht Erkenntnisse a priori im Kantischen

---

[1]) Siehe Suarez, Disp. 30, sect. 7, No. 3.

[2]) Desartes, Princ. I, 13.

[3]) Descartes, Resp. II, 72.

Sinne sind, sondern aus der Erfahrung stammen. Der Mensch fand Körper im Raume: deren Begränzung nahm er als Fläche wahr; die Begränzung der Fläche gab ihm die Vorstellung einer Linie und das Ende der Linie diejenige eines Punktes.[1]) So abstrahirte der Mensch auf dieselbe Weise, wie alle unsere Begriffe entstehen, nämlich durch Zusammenfassung des Gleichartigen in den Dingen, den Begriff Körper, Fläche, Linie und Punkt. Hätte der Mensch keine Körper im Raum angetroffen, so wäre es ihm unmöglich gewesen, die Begriffe Körper, Fläche, Linie und Punkt bilden zu können. So sagt auch Hobbes: [2]) „Wenn ein Dreieck nirgends existirt, so sehe ich nicht ein, wie es eine Natur haben mag: denn was nirgends ist, ist überhaupt nicht, hat also auch nicht ein Sein oder irgend welche Natur. Das Dreieck im Geiste entsteht aus dem Dreieck, das man g e s e h e n oder aus G e s e h e n e n erdichtet hat (ficto); wenn wir aber einmal das Ding (von dem, wie wir glauben, die Idee des Dreiecks entsteht) mit dem Namen Dreieck selbst benannt haben, so bleibt der Name, wenngleich das Dreieck selbst untergeht. „Fasst man die Ansichten des Hobbes über Geometrie überhaupt zusammen, so sind dieselben (nach Profess. Baumann) folgende: Die Geometrie ist die Wissenschaft zu messen und zwar ist das Maass sowol als das, was gemessen wird, etwas Materielles: [3]) verfahren wir auch mit den Gegenständen der Geometrie wie mit geistigen Dingen, so sind sie doch l e t z l i c h aus den durch das Gesicht w a h r g e-

---

1) Dass dies die Entstehung der mathematischen Begriffe sei, nicht aber die umgekehrte Ordnung vom Punkt zur Linie, von der Linie zur Fläche, von der Fläche zum Körper zeigt Kästner im Hamburger Magazin S. 46 Th. 4 und S. 90 Th. 21.

2) Hobbes in den Einwürfen gegen Descartes Obj. et Resp. III, Objet, XIV.

3) Daher die E l l e n b o g e n l ä n g e oder die E l l e im praktischen Leben als das primitive Mass der Raumeslänge gilt. Dieselbe doppelte Bedeutung hat das griechische πῆχυς und das lateinische ulna. Dr. Volkmuth.

nommenen erst gebildet. Auch Locke sagt: „Die Begriffe der Mathematik sind nicht angeboren.“ So auch Dr. Profess. Fresenius:[1]) Wenn wir der Weise nachforschen, wie ihre (der Geometrie) ersten Vorbegriffe in unser Bewusstsein gelangt sein mögen, so wird es für niemand zweifelhaft sein, dass diese Begriffe sich im lebendigen Verkehr der Sinne mit der Aussenwelt an ihren Veränderungen und Bewegungen herausgebildet haben müssen.“ Und Gassendi[2]) wirft die Frage auf: „Wenn du bis heute aller Sinnenthätigkeit wärest beraubt gewesen, so dass du niemals mannichfache Flächen gesehen und betastet hättest, meinest du, du hättest die Idee eines Dreiecks oder einer anderen Figur bei dir haben oder bilden können?“ Auch der grosse Denker Fr. H. Jacobi [3]) sagt: „Nicht eher verstand ich das Wesen des Cirkels, bis ich seine Entstehung aus der Bewegung einer Linie, wovon das eine äusserste End fest, das andere beweglich, begriff.“ Von ganz besonderem Gewicht dürfte das Urtheil Newton's sein. Derselbe führt die Geometrie auf die Mechanik zurück; darum kann alles Geometrische als durch Bewegung entstanden betrachtet werden. Hören wir ihn selber: [4]) „Auch die Beschreibungen der geraden Linien und Kreise, auf welche die Geometrie gegründet ist gehört zur Mechanik. Diese Linien zu beschreiben lehrt, nicht die Geometrie, sondern sie fordert es; denn sie fordert, dass der Anfänger dieselben genau zu beschreiben gelernt habe, ehe er die Schwelle der Geometrie berührt; dann lehrt sie, wie durch diese Operationen Aufgaben gelöst werden. Gerade und Kreise zu beschreiben sind Aufgaben, aber nicht geometrische. Von der Mechanik wird ihre Lösung gefordert, in der Geometrie wird die Anwendung der gelösten gelehrt.

[1]) Prof. Dr. F. K. Fresenius, die psychologischen Grundlagen der Raumwissenschaft. Wiesbaden 1868.

[2]) Prof. Dr. J. Baumann, die Lehren Raum, Zeit und Mathematik. Berlin 1868.

[3]) F. H. Jacobi, David Hume über den Glauben, oder Idealismus und Realismus. Jacobi's Werke zw. Bd. S. 178.

[4]) Princ: Philos. natur. princ. math. ed. 2 Cantabrigiae 1713, Vorrede.

Nun rühmt sich die Geometrie, dass sie mit so wenigen, anderwärts geholten Principien so viel leistet. Es gründet sich also die Geometrie in der mechanischen Praxis und ist nichts anderes, als ein Stück allgemeiner Mechanik, welche die Kunst zu messen genau vorlegt und beweist."

Stammen nun die mathematischen Begriffe aus der Erfahrung, so ist es klar, dass auch den mathematischen Sätzen, die es mit diesen Begriffen zu thun haben, das Zeichen der Abstammung aus der Empirie aufgedrückt ist. Aber auch die vielgerühmte strenge Allgemeinheit der Mathematik stammt aus der Erfahrung. Der Mensch fügte etwa einen Finger zu einem anderen und es bildete sich in ihm die Vorstellung von der Zahl zwei; durch Hinzufügung eines weiteren Fingers bildete er sich die Vorstellung von der Zahl drei etc. Er fand nun bald, dass gerade so zwei Steine und zwei Steine vier Steine gaben, wie zwei Finger und zwei Finger vier Finger, zwei Vögel und zwei Vögel vier Vögel, und so sah er ein, dass es auf die Natur der gezählten Gegenstände gar nicht ankomme, sondern zwei und zwei immer vier ausmachten und so gelangte er zu der allgemeinen mathematischen Wahrheit: $2 + 2 = 4$. Da nun so die mathematischen Vorstellungen aus der Erfahrung stammen, so ist es kein Wunder, dass sich ihre Erkenntnisse wiederum in der Erfahrung allgemein bestätigen. Auch Prof. Dr. J. Baumann [1]) sagt: „Das Mathematisch-Allgemeine was ist es anders, als ein Erfahren, dass wir es stets so und so in unserem Geiste und in den Dingen draussen finden und nicht abzusehen vermögen, wie es anders sein solle, nachdem es nun einmal so und so damit ist. Die Allgemeinheit der Mathematik ist ein Ergebniss der Erfahrung, welche fand, dass sich die Idee der Zahl um das Wesen des Gezählten, um seine besondere Natur eben nicht kümmert, wie auch die Sätze über die Dreiecke sich auf jedes Dreieck beziehen, das ich mir nach der im Satz

[1]) Raum, Zeit und Mathematik etc. 1 Bd. S. 506,

ausgesprochenen Contsruction entwerfen mag." Treffend hat diese Natur der Mathematik J. H. von Kirchmann [1]) erfasst; er drückt sich darüber folgender Art aus: „In der Geometrie und in der Wissenschaft der Zahlen gestattet die stetige Natur des Raumes und die beziehende Natur der Zahlen, welche mit dem Gezählten sich zu keinem Besonderen verbindet, die Erschöpfung aller möglichen Fälle durch Beobachtung. Diese Eigenthümlichkeit ist von hoher Bedeutung und bisher nicht genügend erkannt worden; insbesondere begnügt sich die Geometrie ihre Gesetze an einer einzelnen, wenn auch willkürlich gewählten Figur oder Gestalt zu beweisen. Diese Gestalt gehört zwar unter den Begriff, aber dass dieser Beweis auch für alle anderen Gestalten desselben Begriffs gelte, bleibt unbewiesen, und doch erhält erst dadurch die Allgemeinheit des Satzes ihren Beweis." Zum Schluss erlauben wir uns noch ein Wort von Profess. Dr. Ueberweg [2]) hier anzuführen. Derselbe sagt: „Ein von aller Erfahrung unabhängiges Urtheil würde, falls es überhaupt möglich wäre, nicht den höchsten Grad von Gewissheit, sondern gar keine Gewissheit haben und ein blosses Vorurtheil sein; ohne alle Erfahrung können wir überhaupt gar keine Erkenntniss, geschweige denn, (wie Kant will) apodiktische Erkenntniss gewinnen; gleich wie Maschinen, durch welche wir die Resultate blosser Handarbeit überschreiten, nicht ohne Hände durch Zauber, sondern nur mittelst des Gebrauchs der Hände zu Stande kommen, so kommt der Beweis, durch welchen wir die Resultate vereinzelter Erfahrung überschreiten und die Nothwendigkeit erkennen, nicht unabhängig von aller Erfahrung durch subjective Formen von unbegreiflichem Ursprung, sondern nur durch logische Combination von Erfahrungen nach inductiver und deductiver Methode zu Stande."

---

[1]) J. H. von Kirchmann, die Lehre vom Wissen als Einleitung in das Studium philos. Werke S. 79.

[2]) Prof. Dr. Ueberweg, Geschichte der Philosophie III Bd. S. 168.

Haben wir nun in Vorstehendem gezeigt, dass es Erkenntnisse a priori im Sinne Kant's nicht gibt, so fällt mit diesen Stützen das ganze darauf ruhende Gebäude Kant's.

III.

„Die Philosophie bedarf einer Wissenschaft, welche die Möglichkeit, die Principien und den Umfang aller Erkenntnisse a priori bestimme."

Die Fragen, wie Erkenntnisse möglich sind, von welchem Umfang sie sind und auf was sie beruhen, hat sich die Philosophie gestellt, so lange sie existirt, besonders von Sokrates an; denn ein Forschen nach den obersten Prinzipien konnte gar nicht stattfinden, ohne zugleich auch seine Erkenntnisse zu prüfen.[1]) Die Frage wie Erkenntnisse a priori möglich sind, hat die Philosophie allerdings nie aufgeworfen; erstlich, weil sie den Kantischen Begriff a priori gar nicht kannte und zweitens, weil es Erkenntnisse a priori überhaupt nicht gibt.

Die falsche Annahme, dass es Erkenntnisse a priori gebe, ist die Ursache des in der Luft schwebenden transscendentalen Idealismus und Kriticismus Kant's in Betreff dessen Fr. H. Jacobi,[2]) wie Prof. Ueberweg in seiner Geschichte der Philosophie III. B. S. 207 ganz richtig bemerkt, „das Dilemma klar bezeichnet, welches für den Kantischen Kriticismus tödtlich ist: die Affection, durch welche wir den empirisch gegebenen Wahrnehmungsstoff empfangen, muss entweder von Erscheinungen oder von Dingen an sich ausgehen; das Erste aber ist absurd, weil Erscheinungen im Kantischen Sinne selbst nur Vorstellungen sind, also vor allen Vorstellungen bereits Vorstellungen vorhanden sein müssten, das Andere (was Kant wirklich annimmt und sowol in der ersten, wie in den folgenden

[1]) „Denn wir haben uns ja selbst, und dürfen unsere Erkenntniss nur prüfen." J. G. v. Herder, Metakritik S. 12.

[2]) Fr. H. Jacobi, David Hume über den Glauben etc. Jacobi's Werke II. Bd. S. 291 bis 310.

Auflagen der reinen Vernunft, in der Schrift gegen Eberhardt etc. ausspricht) widerstreitet der kritischen Doctrin, dass das Verhältniss von Ursache und Wirkung nur innerhalb der Erscheinungswelt gelte und keine Beziehung auf Dinge an sich habe; der Anfang und Fortgang der Kritik vernichten einander."

IV.

„Von dem Unterschiede analytischer und synthetischer Urtheile."

„In allen Urtheilen, worinnen das Verhältniss eines Subjects zum Prädikat gedacht wird (wenn ich nur die bejahenden erwäge, denn auf die verneinenden ist nachher die Anwendung leicht), ist dieses Verhältniss auf zweierlei Art möglich. Entweder das Prädikat B gehört zum Subject A als etwas, was in diesem Begriffe A (versteckter Weise) enthalten ist; oder B liegt ganz ausser dem Begriff A, ob es zwar mit demselben in Verknüpfung steht. Im ersten Fall nenne ich das Urtheil analytisch. in dem anderen synthetisch. Analytische Urtheile (die bejahenden) sind also diejenigen, in welchen die Verknüpfung des Prädikats mit dem Subject durch Identität, diejenigen aber, in denen diese Verknüpfung ohne Identität gedacht wird, sollen syntetische Urtheile heissen."

Die Ausdrücke analytisch und synthetisch hat man mehr auf die Methode angewandt. Die analytische Methode zergliedert, die synthetische setzt zusammen. Jene beginnt mit irgend einer gegebenen, zusammengetzten Einheit und zerlegt dieselbe in ihre Theile; diese beginnt mit mehreren Einheiten und setzt dieselben zusammen. Durch jene erhält man die Theilvorstellungen und bei gehöriger Fortsetzung die letzten einfachen Elemente; diese beginnt mit Elementen und fügt sie anneinander. Bei jener gelangt man mit der Auffindung der einfachen Elemente zum Endziele, bei dem man stehen bleiben muss; diese kann ihre Zusammensetzungen weiter und weiter fortsetzen und ein bestimmtes Endziel ihrer Operationen lässt sich im Allgemeinen nicht angeben. Kant möchte ganz treffend jene lieber die regressive und diese die progressive Methode nennen. Seine Uebertragung der Ausdrücke analytisch und synthetisch auf das Urtheil ist richtig; nur müsste es bei der Definition: „Analytische Urtheile sind also diejenigen, in welchen die Verknüpfung des Prädikats mit dem Subjekt durch Identität gedacht wird," wol heissen: Durch partielle Identität gedacht wird.

Die Grundfrage der Kritik der reinen Vernunft ist nun bei Kant diese: Wie sind synthetische Urtheile a priori möglich? Da Kant annimmt, Mathematik, Physik und Metaphysik enthielten solche Urtheile, so werden wir bei No. V etwas länger verweilen müssen.

V.

„In allen theoretischen Wissenschaften der Vernunft sind synthetische Urtheile a priori als Principien enthalten."

1.) „Mathematische Urtheile sind insgesammt synthetisch. Zuvörderst muss bemerkt werden: dass eigentliche mathematische Sätze jederzeit Urtheile a priori und nicht empirisch seien."

Wie wir unter No. II. gezeigt, ist diese Annahme falsch. Kant fährt nun fort: „Will man aber dies nicht einräumen, wolan, so schränke ich meinen Satz auf die reine Mathematik ein. Man sollte anfänglich zwar denken: dass der Satz 7 + 5 = 12 ein bloss analitischer Satz sei, der aus dem Begriffe einer Summe von Sieben und Fünf nach dem Satze des Widerspruchs erfolge. Allein der Begriff der Summe von 7 + 5 enthält weiter nichts, als die Vereinigung beider Zahlen in eine einzige, wodurch ganz und gar nicht gedacht wird, welches diese einzige Zahl sei, die beide zusammenfasst. Man muss über diese Begriffe hinausgehen, indem man die Anschauung zu Hilfe nimmt, die einem von beiden correspondirt, etwa seine 5 Finger, fünf Punkte und so nach und nach die Einheiten der in der Anschauung gegebnen

Fünf zu dem Begriffe Sieben hinzuthut. [1]) Der arithmetische Satz ist also jederzeit synthetisch.“

Diese Behauptung ist falsch; die Mathematik enthält eine grosse Anzahl analytischer Sätze. Sehen wir den Satz 7 + 5 = 12 einmal etwas näher an! Kant führt ihn als Beispiel eines unfehlbar synthetischen Satzes der Mathematik an; nun ist aber dieser Satz weder ein analytisches, noch ein synthetisches Urtheil, sondern eine Gleichung, was schon das Gleichheitszeichen (=) andeutet. Eine Gleichung ist die Verbindung zweier gleichgrosser Ausdrucksformen, wovon jeder mehrere Glieder enthalten kann. Die Gleichung enthält zwei Grössenausdrücke von vollkommen gleichen Beträgen und beruht auf dem Satz der Identität A = A. Man vergleiche damit das identische Urtheil: Tadel ist Tadel. Da nun der Satz 7 + 5 = 12 eine Gleichung ist, so ist er weder analytisch, noch synthetisch, sondern einfach identisch. Ja nach der Kantischen Definition eines analytischen Urtheils als eines solchen, in welchem die Verknüpfung des Prädikats mit dem Subject durch Identität gedacht wird, wäre dieser Satz ein analytisches Urtheil; allein, wie schon oben angemerkt, ist diese Definition falsch. (Siehe S. 13.) 7 + 5 = 12 ist also ein identischer Satz.

„Eben so wenig ist irgend ein Grundsatz der reinen Geometrie analytisch. Dass die gerade Linie zwischen zwei

---

[1]) „In der That aber ist dieses didaktische Hilfsmittel keine wissenschaftliche Nothwendigkeit; das Zurückgehen auf die Definition: Zwei ist die Summe von Eins und Eins, Drei die Summe von Zwei und Eins etc., ferner auf die Difinition des dekatischen Systems und auf den aus dem Begriff der Summe (als der Gesammtzahl mit Abstraction von der Ordnung) fliessenden Satz, dass die Ordnung der Zusammenfassung der Summanden für die Summe gleichgiltig sei, reicht zu. Empirisch ist das Vorhandensein gleichartiger Objekte gegeben, die sich unter den nämlichen Begriff stellen lassen, woran die Zählbarkeit sich knüpft; aus den arithmetischen Fundamentalbegriffen aber folgen dann als analytische Sätze die arithmetischen Grundsätze und aus diesen syllogistisch die übrigen Sätze.“ Prof. Dr. Ueberweg.

Punkten die kürzeste sei, ist ein synthetischer Satz. Denn mein Begriff vom Geraden enthält nichts von Grösse, sondern nur eine Qualität. Der Begriff des Kürzesten kommt also gänzlich hinzu und kann durch keine Zergliederung aus dem Begriffe der geraden Linie gezogen werden. Anschauung muss also hier zu Hilfe genommen werden, vermittetst deren allein die Synthesis möglich ist."

Sehen wir uns den Begriff der Geraden etwas näher an! Wir geben zu dem Zweck eine Zusammenstellung der verschiedenen Definitionen der geraden Linie nach Professor Baumann, welcher Clavius gefolgt ist. 1.) die des Proclus, nämlich: eine gerade Linie ist die, welche genau so viel Raum einnimmt, als der Abstand zwischen ihren Endpunkten gross ist; 2) die des Plato: die gerade Linie ist die, deren mittleren Punkte die Endpunkte beschatten; 3.) die des Archimedes: die gerade Linie ist die kleinste von denen, welche die nämlichen Endpunkte haben. 4.) die des Campanus: die gerade Linie ist die kürzeste Ausdehnung von einem Punkte zum anderen; 5.) die derjenigen, welche sagen: die gerade Linie sei die, welche von einem bewegten, aber nicht wackelnden Punkte beschrieben werde; 6.) die eines neueren Schriftstellers: die gerade Linie ist die, deren Endpunkte nicht auseinander gezogen werden können, wenn ihre Grösse bleiben soll. — Plato difinirt die gerade Linie nicht nach der Idee, nach ihrem Wesen, sondern auf empirische Weise, wie die Gerade entstanden ist nach dem Bilde des Schattens, von dem er sah, dass er in gerader Linie geworfen werde. Die Definition unter No. 5 ist durchaus nicht zutreffend; denn der Punkt, welcher die Peripherie eines Kreises beschreibt, darf auch nicht wackeln. Mit Prof. Baumann geben wir der Definition unter No. 6 den Vorzug; diese aber fällt ihrer Bedeutung nach mit den Definitionen des Proclus, Archimedes und Campanus zusammen. Nach ihnen liegt das eigentliche Wesen der geraden Linie lediglich darin, dass sie zwischen zwei Endpunkten die kürzeste ist; diese Definitionen sind entstanden aus der Idee mehrer geschenen Linien mit denselben Endpunkten, von welchen die eine als gerade und kürzeste zugleich gesehen wurde. Zwischen zwei Punkten am Kürzesten sein, ist also eine Eigenschaft der geraden Linie; diese Eigenschaft wird ebenso im Begriff der Geraden angeschaut, wie die Eigenschaft weiss, in dem Erläuterungsurtheil: der Schnee ist weiss. Wie der Satz: der Schnee ist weiss, ein analythisches Urtheil ist, so ist auch der Satz: Die Gerade ist zwischen zwei Punkten die kürzeste, ein analytisches und keine synthetisches Urtheil.

2.) „Naturwissenschaft (Physica) enthält synthetische Urtheile a priori als Principien in sich. Ich will nur ein paar Sätze zum Beispiel anführen, als den Satz: dass in allen Veränderungen der körperlichen Welt die Quantität der Materie unverändert bleibe, oder dass in aller Mittheilung der Bewegung Wirkung und Gegenwirkung jederzeit einander gleich sein müssen. An beiden ist nicht allein die Nothwendigkeit, mithin ihr Ursprung a priori, sondern auch, dass sie synthetische Sätze sind. klar. Denn in dem Begriff der Materie denke ich mir nicht die Beharrlichkeit, sondern bloss ihre Gegenwart im Raume durch die Erfüllung desselben. Also gehe ich wirklich über den Begriff von der Materie hinaus, um etwas a priori zu ihm hinzuzudenken, was ich in ihm nicht dachte. Der Satz ist also nicht analytisch, sondern synthetisch und demnach a priori gedacht.“

Die Naturwissenschaft enthält allerdings synthetische Urtheile; aber sie, die ihrem ganzen Wesen nach Erfahrungswissenschaft ist, enthält keine synthetische Urtheile a priori im Kantischen Sinne. Gehen wir zur Beleuchtung der Beispiele über! Das erste lautete: In allen Veränderungen der körperlichen Welt bleibt die Quantität der Materie unverändert. Zeigen nicht alle Begriffe dieses Satzes, wie Veränderung,[1]) körperliche Welt, Materie, dass er

---

[1]) Kant sagt in der Einleitung unter No. I. selber: „Veränderung ist ein Begriff, der nur aus der Erfahrung gezogen werden kann.“

seine Abstammung in dem Pöbel der Erfahrung, nicht aber in der Kantischen Apriorität zu suchen hat? Zudem ist, wie Herder [1]) ganz richtig bemerkt, dieser Satz ein bloss identischer Satz, der aus den Begriffen Körperwelt, Veränderung, Quantum, wie sie hier gesetzt sind, entspringet, oder er ist unbewiesen und darf als kein Axiom gelten.

Das zweite Beispiel lautete: In aller Mittheilung der Bewegung sind Wirkung und Gegenwirkung jederzeit einander gleich. Die Naturwissenschaft soll uns mit den Erscheinungen und Veränderungen, welche sich in der Sinnenwelt zutragen, bekannt machen. Zur Kenntniss derselben gelangt der Physiker nun auf eine zweifache Weise: entweder durch Beobachtung [2]) oder durch Experimente. Nun ist schon der Begriff Bewegung durch die Beobachtung über die Veränderung des Ortes entstanden, also ein empirischer Begriff und kein Begriff a priori. Aber nicht nur, dass die Begriffe obigen Satzes empirische sind, sondern der ganze Satz stammt aus der Erfahrung und wird durch das Experiment mit der Percussionsmaschine veranschaulicht. Hängt man an dieselbe mehrere elastische Kugeln von gleichem Durchmesser neben einander, hebt dann eine gewisse Anzahl auf und lässt sie zugleich herabfallen, damit sie an die übrigen anstossen, so fliegen auf der entgegengesetzten

---

[1]) Joh. Gottfr. von Herder, Verstand und Erfahrung, Vernunft und Sprache S. 29.

[2]) Die Geschichte der Naturwissenschaft zeigt, dass sich diese allgemeinen Sätze, wozu das Gesetz der Erhaltung der Kraft u. a. sich hinzufügen lassen, als späte Abstractionen aus wissenschaftlich durchgearbeiteten Erfahrungen ergeben haben und keineswegs a priori vor aller Erfahrung oder doch unabhängig von aller Erfahrung als wissenschaftliche Sätze feststanden; nur in sofern sich in ihnen nachträglich eine gewisse Ordnung bekundet, die eine philosophische Ableitung aus allgemeineren Principien, z. B. aus der Relativität des Raumes, möglich zu machen scheint, gewinnen sie einen im Aristotelischen, aber wiederum nicht im Kantischen Sinne apriorischen Charakter. Prof. Dr. Ueberweg.

Seite gerade so viele weg, als auf der anderen aufgehoben wurden; die Wirkung ist also gleich der Gegenwirkung. Wen die Entwickelung der mathematischen Gleichung als Beweis für obigen Satz interessirt, den verweisen wir auf Dr. Greiss, Physik, speciell Dynamik pag. 474. Wir haben also hier den Satz: Wirkung = Wirkung; denn das Wort gegen gibt bloss die Richtung an: Folglich ist obiger Satz nicht synthetisch und a priori, sondern ein identischer Satz aus der Erfahrung.

3.) „In der Metaphysik, wenn man sie auch nur für eine bloss vrsuchte, dennoch aber durch die Natur der menschlichen Vernunft unentbehrliche Wissenschaft ansieht, sollen synthetische Erkenntnisse a priori enthalten sein, und es ist ihr gar nicht darum zu thun, Begriffe, die wir uns a priori von Dingen machen, bloss zu zergliedern und dadurch analytisch zu erläutern, sondern wir wollen unsere Erkenntnisse a priori erweitern, wozu wir uns solcher Grundsätze bedienen müssen, die über den gegebenen Begriff etwas hinzuthun, was in ihm nicht enthalten war, und durch synthetische Urtheile a priori wol gar so weit hinausgehen, dass uns die Erfahrung selbst nicht so weit folgen kann, z. B. in dem Satze: Die Welt muss einen ersten Anfang haben und andere mehr, und so besteht Metaphysik wenigstens ihrem Zwecke nach aus lauter synthetischen Sätzen a priori.“

Wir haben unter 1 und 2 gesehen, dass die von Kant als Muster-, als Beweisbeispiele angeführten synthetischen Sätze a priori nichts weniger als synthetische Sätze a priori sind. Wenn es nun dem Heroen der modernen Philosophie nicht gelungen ist, synthetische Sätze a priori aufzuzeigen, so muss es schlimm um die Wahrheit seiner Behauptung bestellt sein, dass es überhaupt solche Urtheile gebe. Wir müssen diese Behauptung entschieden verneinen. Nehmen wir selbst den ersten Satz unter den obersten Denkgesetzen der bisherigen Logik, den Satz der Identität A = A, so muss der Gegenstand A ein Begriff sein, den ich durch äussere oder innere Erfahrung gewonnen habe. Selbst die Entstehung der Begriffe durch die sogenannte Determination ist nur eine besondere Verwendung bereits vorhandener Begriffe. Vor aller und ohne alle Erfahrung ist unsere Seele inhaltleer, und wollte sie vor aller und ohne alle Erfahrung einen Begriff A setzen, so würde sie ein Nichts, eine Null setzen und das Urtheil A = A wäre gleich 0 = 0. Soll nun gar die Seele zu dem 0-Begriff A als Subjekt noch etwas Neues als Prädikat hinzufügen, wie dies das Wesen des synthetischen Urtheils doch fordert, so wird an die Seele die Forderung gestellt, von einem Nichts etwas zu behaupten, was unmöglich; mithin sind synthetische Urtheile a priori im Sinne Kant's überhaupt eine Unmöglichkeit. So besteht auch nicht die Metaphysik ihrem Zwecke nach aus lauter synthetischen Urtheilen a priori. Wie ihr Name sagt (von meta nach, dazu und physika natürliche Dinge) will die Metaphysik die ersten Gründe und Principien der Dinge erforschen. [1]) Die Kenntniss der Dinge durch Erfahrung muss ihr also vorangehen; ich muss erst das Dass wissen, bevor ich das Warum wissen kann. Darum sagt Herder so bezeichnend: „Wer die Metaphysik als eine Thörin betrachtet, die ausser und vor aller Erfahrung etwas sucht, wowon sie durchaus keinen Begriff hat und haben kann, der dichtet sich selbst eine Metaphysik, die lieber Pro- oder Hyperphysik heissen sollte; die menschliche Vernunft erkennt diese nicht an."

Nachdem wir in dem Bisherigen der Einleitung Kant's zur Kritik der reinen Vernunft, so viel als für unseren Zweck nothwendig, gefolgt sind und den Nachweis geliefert haben, dass es Erkenntnisse a priori nicht gibt, verlassen wir nunmehr dieselbe, um die Möglichkeit solcher Erkenntnisse, die in gewissen subjektiven Formen der Anschauung, nämlich dem Raum und der Zeit, und in ebensolchen Formen des Verstandes, den Kategorien, begründet sein soll,

---

[1]) Siehe Aristoteles Met. VII. 11, 20 und VI. 1, 21.

in ihrem ersten Theile, nämlich der Supsectivität des Raumes und der Zeit, einer möglichst allseitigen Prüfung zu unterwerfen.

„Der transscendentalen Elementarlehre erster Theil. Die transscendentale Aesthetik."

§. 1.

„Auf welche Art und durch welche Mittel sich auch immer eine Erkenntniss auf Gegenstände beziehen mag, so ist doch diejenige, wodurch sie sich auf dieselbe unmittelbar bezieht und worauf alles Denken als Mittel abzweckt, die Anschauung. Diese aber findet nur statt, so fern uns der Gegenstand gegeben wird; dieses aber ist wiederum, uns Menschen wenigstens, nur dadurch möglich, dass er das Gemüth auf gewisse Weise afficire. Die Fähigkeit (Receptivität), Vorstellungen durch die Art, wie wir von Gegenständen afficirt werden, zu bekommen, heisst Sinnlichkeit. Vermittelst der Sinnlichkeit also werden uns Gegenstände gegeben, und sie allein liefert uns Anschauungen, durch den Verstand aber werden sie gedacht, und von ihm entspringen Begriffe."

Suchen wir zunächst das Dunkel zu lichten, welches durch die eigenthümliche Anwendung der Begriffe Anschauung und Gemüth über obigen Sätzen verbreitet ist. Wird das Gemüth „auf gewisse Weise afficirt," so entsteht nicht eine Anschauung, sondern eine Empfindung, das ist ein Akt, dessen Bewusstsein nur ein dunkles ist. Erhalten sich diese Einzelakte vollkommen als Spuren, so wächst das Bewusstsein des so entstandenen Gebildes zu immer grösserer Stärke, indem die gleichartigen Spuren zusammenfliessen; die Empfindung wird allmählich zur Wahrnehmung und die klar bewusste Wahrnehmung zur Anschauung. Ferner nimmt nicht das Gemüth, sondern die Seele die Reize der uns umgebenden Gegenstände mittelst der Sinne auf. Unter Gemüth (von zu Muthe sein,) versteht man Stimmungsgebilde der Seele.

Fassen wir nach diesen kurzen Bemerkungen nunmehr den Grundirrthum[1]) ins Auge, der sich durch die ganze Philosophie Kant's hindurchzieht, den Irrthum nämlich, dass sich nur die Anschauungen, nicht aber die Begriffe unmittelbar auf die Gegenstände beziehen sollen.

Die Seele erhällt durch die Eindrücke, welche die uns umgebenden Gegenstände auf sie ausüben, zunächst sinnliche Empfindungen, Wahrnehmungen und Anschauungen. Gelangt nun die Seele zu der Anschauung (Einzelvorstellung) eines Huhnes, einer Taube, eines Sperlings, so wird sie des Gleichartigen dieser Thiere bewusst. Sie bemerkt die gemeinsamen Anschauungsbestandtheile dieser einzelnen Thiere: zwei Beine, hornartigen Schnabel, Federn, Flügel etc. und bildet den Begriff Vogel. Den Bestandtheilen dieses Begriffes entsprechen nun aber eben so gut die seienden Theile in jedem einzelnen Vogel, wie der Anschauung (Einzelvorstellung) der ganze Vogel entspricht. Die Begriffe beziehen sich also ebenso unmittelbar auf die Gegenstände, wie die Wahrnehmungen und Anschaungen; der Unterschied liegt darin, dass der Begriff sich nur auf die wesentlichen Bestandtheile des Gegenstandes bezieht, während die Anschauung den ganzen Gegenstand umfasst. Das Begriffliche ist ebenso seiend und unmittelbar wahrnehmbar, wie der ganze Gegenstand.[2]) Wäre dies nicht der Fall, wie könnte ich denn, sobald mir ein Vogel gezeigt würde, den ich noch nie gesehen hätte, in demselben ohne Weiteres obige Begriffsbestandtheile wieder erkennen und sofort behaupten: das ist ein Vogel. Der Begriff mit seinem ganzen Inhalt wird durch den Gegenstand gegeben; nur das Begreifen, Auffassen, Vergleichen selbst ist Sache der Seele.

„In der Erscheinung nenne ich das, was der Empfindung korrespondirt, die Materie derselben, dasjenige aber,

---

[1]) Den auch Schoppenhauer theilt, Hegel dagegen ins rechte Licht gestellt hat. Vergleiche noch Dr. A. Schwegler Geschichte der griechischen Philosophie S. 132.

[2]) Man vergleiche noch Dr. A. Schwegler a. o. a. O.

welches macht, dass das Mannigfaltige der Erscheinung in gewissen Verhältnissen geordnet werden kann, nenne ich die Form der Erscheinung. Da das, worin sich die Empfindungen allein ordnen und in gewisse Form gestellt werden können, nicht selbst wiederum Empfindung sein kann, so ist uns zwar die Materie aller Erscheinung nur a posteriori gegeben, die Form derselben aber muss zu ihnen insgesammt im Gemüthe a priori bereit liegen, und dahero abgesondert von aller Empfindung können betrachtet werden."

Der zweite Irrthum steckt in der verfänglichen Unterscheidung von Materie und Form. Diese beiden Worte haben in der Metaphysik so viele phantastische Begriffe und leere Spiegelfechtereien hervorgerufen, dass sie jedem klar Denkenden schon von vorne herein verdächtig sind. Materie soll das sein, „was der Empfindung korrespondirt," die Form aber das, „welches macht, dass das Mannigfaltige der Erscheinung in gewisse Verhältnisse geordnet werden kann." [1]) Mit dieser famosen Definition der Form hat Kant munter [2]) dasjenige mit einem Schlage gesetzt, wass er erst hätte beweisen müssen, nämlich erstlich, dass eine Form aller Erscheinungen a priori im Gemüthe bereit liege, und zweitens, dass diese Form das Mannigfaltige in der Erscheinung in gewisse Verhältnisse ordne. Statt irgend eines Beweises setzt Kant mit einem Male ein Ordnen und stempelt es zu einem Begriff a priori ohne dass man weiss, woher plötzlich dies Ordnen kommt. Wie leicht sich nun alles Weitere ergibt! Das Ordnen, resp. die Form muss nun a priori im Gemüthe bereit (sic!) liegen. Mit Recht fragt Herder: „Wer denkt sich hierbei, bei einer „Form aller Erscheinungen," d. i. sinnlichen Gegenstände, „die im Gemüthe bereit liegt," etwas? bei einer Form zu Erscheinungen, die, „von aller Empfindung abgesondert, a priori

[1]) In welchem Sinne Aristoteles diese Begriffe nimmt siehe Ar. Met. VII. VIII.

[2]) Hierbei fällt uns Göthe's scherzhafter Rath ein: Im Erklären seid munter; Legt ihr nichts aus, legt schnell was unter!

betrachtet werden können, und dennoch keine Erscheinungen sind? „sonst wären sie nicht a priori." Doch vielleicht hat das nachfolgende Beispiel Ueberzeugungskraft.

„Wenn ich von der Vorstellung eines Körpers das, was der Verstand davon denkt, als Substanz, Kraft, Theilbarkeit etc., imgleichen, was davon zur Empfindung gehört, als Undurchdringlichkeit, Härte, Farbe etc., absondere, so bleibt mir aus dieser empirischen Anschauung noch etwas übrig, nämlich Ausdehnung und Gestalt. Diese gehören zur reinen Anschauung, die a priori, auch ohne einen wirklichen Gegenstand der Sinne oder Empfindung, als blosse Form der Sinnlichkeit im Gemüthe stattfindet."

Ausdehnung und Gestalt wären also eine Folge der Form oder des Ordnens des materialen Wahrnehmungsinhaltes, also Begriffe a priori? Was sagt unser Selbstbewusstsein, diese einzige Quelle richtiger Seelenerkenntniss dazu? Nehmen wir ein Ding wahr, so empfängt die Seele die Vorstellung der Ausdehnung und Gestalt ebenso als einfache Anschauungstheile, wie die Vorstellung von der Härte, der Farbe [1]) etc., derselben. Die Seele nimmt Ausdehnung und Gestalt ebenso als Einfaches, als Seiendes wahr, wie die Farbe und die Härte. Wäre dies nicht der Fall, sondern empfinge die Seele die Vorstellungen der Farbe und der Härte passiv durch den Reiz, den diese auf sie ausübten, die Vorstellungen der Ausdehnung und Gestalt dagegen durch ein aktives Ordnen, das von

---

[1]) Ja Descartes hält erstere sogar für noch deutlichere Anschauungen, als letztere. Er sagt Med. III: Einiges gibt es, aber sehr Weniges, was vom Körper klar und deutlich wahrgenommen wird: Grösse oder Ausdehnung in Länge, Breite und Tiefe, Gestalt oder Begränzung der Grösse, die Lage, die die verschieden gestalteten Dinge unter sich haben, Bewegung oder Veränderung dieser Lage, dazu Substanz, Dauer, Zahl; alles Andere, nämlich Gerüche, Farben und Aehnliches, werde zwar in innerer Empfindung wahrgenommen, aber so dunkel und verworren, dass wir in völliger Ungewissheit sind, ob sie wahr oder falsch, d. h. Ideen von wirklichen Dingen oder nicht, sind.

ihr ausging: so müsste sie sich doch auch eines Unterschiedes zwischen jener Passivität und dieser Activität bewusst werden. Nun sagt uns aber das Selbstbewusstsein schlechterdings gar nichts von einem solchen Unterschiede, folglich kann derselbe auch nicht statt haben; die Seele empfängt die Vorstellungen der Ausdehnung und der Gestalt ganz auf dieselbe Weise, wie die Vorstellungen der Farbe und der Härte. Ausdehnung und Gestalt sind also ebensowol Begriffe a posteriori und nicht a priori, wie dies auch Farbe und Härte sind. Kant hat den Schein eines Beweises dadurch zu Stande gebracht, dass er die Form ein Ordnen in gewisse Verhältnisse sein lässt. Von einem Verhältniss kann aber nur da die Rede sein, wo sich ein Etwas zu einem Anderen verhält, sich mit ihm vergleichen lässt, nicht aber bei etwas Einfachem. Nun sind aber Ausdehnung und Gestalt gerade so etwas Einfaches, wie Farbe und Härte. Man denke nur an die Gestalt einer Kugel, die roth und hart sei, ob nicht hier der Begriff rund gerade so einfach ist, wie die Begriffe roth und hart. Ausdehnung und Gestalt bleiben also empirische Begriffe gerade so gut, wie Farbe und Härte.

Kant will uns nun in seiner transscendentalen Aesthetik „eine Wissenschaft von allen Principien der Sinnlichkeit a priori" geben. In ihr soll zuerst „die Sinnlichkeit isolirt werden, dadurch, dass Alles abgesondert wird, was der Verstand durch seine Begriffe dabei denkt, damit nichts als empirische Anschauung" übrig bleibe. Zweitens wird von dieser noch Alles „was zur Empfindung gehört, losgetrennt, damit nichts als reine Anschauung und die blosse Form der Erscheinung übrig bleibe, welches das Einzige ist, das die Sinnlichkeit a priori liefern kann." Mit Herder müssen wir hier fragen: „Was sollen wir von dieser sonderbaren Wissenschaft, die eine isolirte Sinnlichkeit abgesondert von allen Verstandesbegriffen, und dennoch a priori angeschaut; von allem, was zur Empfindung gehört, abgetrennt und dennoch Sinnlichkeit; reine Anschauung als Form der Erscheinungen ohne alle Erscheinung behandelt, erwarten?“ Nichts als „zwei reine Formen sinnlicher Anschauung, als Principien der Erkenntniss a priori, nämlich Raum und Zeit, mit deren Erwägung sich jetzt Kant beschäftigen will. Folgen wir ihm!

„Der transscendentalen Aethetik erster Abschnitt.“
Von dem Raume.

§. 2.

Metaphysische Erörterung dieses Begriffs.

1) „Der Raum ist kein empirischer Begriff, der von äusseren Erfahrungen abgezogen worden. Denn damit gewisse Empfindungen auf etwas ausser mir bezogen werden, (das ist auf etwas in einem anderen Orte des Raumes, als darin ich mich befinde,) imgleichen damit ich sie als ausser und neben einander, mithin nicht bloss verschieden, sondern als in verschiedenen Orten vorstellen könne, dazu muss die Vorstellung des Raumes schon zum Grunde liegen. Demnach kann die Vorstellung des Raumes nicht aus den Verhältnissen der äusseren Erscheinung durch Erfahrung geborgt sein, sondern diese äussere Erfahrung ist selbst nur durch gedachte Vorstellung allererst möglich.“

„Der Raum ist kein empirischer Begriff: denn die Vorstellung des Raumes muss aller concreten Localisirung schon zum Grunde liegen.“ Diesen Schluss nennt Prof. Dr. Ueberweg[1]) mit Recht einen Cirkelschluss. Man vergleiche damit die Diallele: „Es gibt einen Gott; denn er hat sich in der Bibel geoffenbart, und die Bibel beweist, dass es einen Gott gibt.“ Wol muss ich die Vorstellung des Raumes haben, um mir etwas, als in verschiedenen Orten vorstellen zu können; allein ich muss auch die Vorstellung von diesem Etwas haben, das ich mir als in verschiedenen Orten vorstellen soll. Nach dem Schlusse Kant's dürfte und könnte dann auch dies Etwas nicht durch die Erfahrung geborgt sein.“ Betrachten wir psychologisch, wie der Mensch

---

[1]) Geschichte der Philosophie III. Bd. 1870.

zur Vorstellung des Raumes und der Dinge in dem Raume gelangt!

So lange das Kind noch in geistigem Dunkel lebt, wie gleich nach der Geburt, kann es eigentliche Wahrnehmungen noch nicht bilden; sinnliche Empfindungen aber entstehen in ihm sofort. Es sieht, hört, fühlt etc., nur hat es weder ein bewusstes Vorstellen von den Gegenständen, welche es sieht, noch von dem Raume, in welchem sich dieselben befinden. Wer hat nicht schon einmal ein kleines Kind nach dem Mond greifen sehen? Dieser Zustand ändert sich bald. Nachdem es das Gehen gelernt hat, wird es sich zugleich mittelst der Bewegung der Vorstellung vom Raume bewusst; war ja auch dem Aristoteles die Bewegung der vorzüglichste Grund für die Annahme eines Raumes.[1]) Mit jedem Tage nimmt das Urvermögen der Kindesseele wiederholt die Gegenstände wahr, welche Spuren oder Eindrücke hinterlassen. Allmählich werden die anfänglichen blossen Empfindungen zu vielspurigen Akten und damit immer bewusstvoller und klarer, bis das Kind sich sowol die Gegenstände, als auch deren an verschiedenen Orten Sein, vorzustellen vermag. „Dem Blindgeborenen wäre die Oberfläche des eignen Körpers zunächst die einzige Quelle der Vorstellung vom Raum, der Repräsentant der ganzen räumlichen Welt, schon ehe er durch den Gebrauch der tastenden Glieder andere Dinge vom eignen Leib unterschieden hätte.[2]) Sobald das Kind sich von den Gegenständen ausser ihm unterscheiden lernt, lernt es auch den Ort seines Aufenthaltes von den Oertern der Gegenstände auser ihm unterscheiden.[3]) Die Vorstellung des Raumes ist daher gerade so aus der inneren[4]) und äusseren Erfahrung gewonnen,

[1]) Ar. Phys. III. IV.

[2].) Dr. F. K. Fresenius, die psychol. Grundlagen der Raumwissenschaft S. 4.

[3].) „Ein örtliches Auseinanderliegen ist uns die Quelle des Raumbewusstseins.“ Fresenius.

[4]) Schon das Innen und Aussen des eigenen Körpers würde zur Vorstellung des Raumes verhelfen.

wie die Vorstellung von den Gegenständen, deren Farbe, Härte etc. Locke sagt: „Ich habe oben (c. 4) gezeigt, dass wir die Idee des Raumes sowol durch unser Gesicht als Getast gewinnen; was, denke ich, so evident ist, dass es ebenso unnöthig sein würde, beweisen zu wollen, dass die Menschen mit dem Gesicht einen Abstand zwischen Körpern von verschiedener Farbe wahrnehmen oder zwischen den Theilen desselben Körpers, wie es ist, dass sie die Farben selbst sehen; auch liegt es nicht weniger zu Tage, dass sie es im Dunkeln durch Gefühl und Getast thun können." Wie die Farbe ein empirischer Begriff ist, so ist es auch der Raum. Auch Dr. L. Geiger[1]) sagt: „Obgleich Zeitlichkeit und Räumlichkeit als eine auf die sinnliche Wahrnehmung wirkende Eigenschaft der Gegenstände erst nach der Vollendung von vielerlei Gemeingefühl erzeugenden organischen Verbindungswegen fühlbar wird, und vollends Zeit und Raum als Begriffe nur in Folge weit fortgeschrittener Ausbildung der Sprache und Vernunft, so ist doch schon bei seinem ersten Anbeginne das Empfinden selbst zeitlich und räumlich, da die Empfindung, und schon die einzelne, wenn sie überhaupt ist, doch irgend ein Wesen in irgend einem Augenblick treffen muss." Führen wir zum Schluss noch eine Autorität für uns an, welche sich kraft ihres wissenschaftlichen Nachdenkens in die wahre, nicht scheinbare Construktion des Weltgebäudes versetzte, nämlich Newton. Derselbe sagt:[2]) „Der absolute Raum bleibt seiner Natur nach ohne Relation auf irgend ein Aeusseres immer gleichartig und unbeweglich: der Relative ist das Mass dieses Raumes oder eine beliebige bewegliche Abmessung, welche von unseren Sinnen durch ihre Lage zu den Körpern definirt, und vom grossen Haufen statt des unbeweglichen Raumes gebraucht wird, z. B. die Abmessung des Raumes unter die Erde, des der Luft oder des

---

[1]) Ueber Umfang und Quelle der erfahrungsfreien Erkenntniss von L. Geiger S. 3

[2]) Princ. p. 6, II.

Himmels, definirt durch ihre Lage zur Erde. Der absolute und relative Raum sind das Nämliche der Art (specie) und Grösse nach, bleiben aber nicht immer dasselbe der Zahl nach. Denn wenn z. B. die Erde sich bewegt, so wird der Raum unserer Luft, welcher relativ und rücksichtlich unserer Erde immer der nämliche bleibt, bald der eine Theil des absoluten Raumes sein, in welchen die Luft übergeht, bald ein anderer Theil desselben, und so wird er absolut sich beständig ändern. Gerne würden wir hier noch einige Citate aus einer akademischen Antrittsrede über Raum und Zeit von Dr. Volkmuth bringen, müssten wir nicht fürchten, unsere Abhandlung dadurch allzusehr auszudehnen; wir müssen es darum bei einem blossen Hinweis [1]) bewenden lassen.

2) "Der Raum ist eine nothwendige Vorstellung a priori, die allen äusseren Anschauungen zu Grunde liegt. Man kann sich niemals eine Vorstellung davon machen, dass kein Raum sei, ob man sich gleich ganz wol denken kann, dass keine Gegenstände darin angetroffen werden."

Wir können uns allerdings eine Vorstellung davon machen, dass kein Raum sei; sagt uns doch unser Selbstbewusstsein nicht das Mindeste von dem Wo aller Vorgänge in der Seele, obgleich diese für uns das Gewisseste sind, von allem was existirt. Allen Vorstellungen der Seelenzustände wie der Vorstellung von der Seele selber haftet auch nicht das Geringste von einer räumlichen Vorstellung an. Wäre der Raum kein empirischer Begriff, sondern hafte er bloss der Seele an, so müsste uns auch die Seele von ihm als ihrem ausschliesslichen Eigenthum Rechenschaft geben, wie es uns die Seele von all ihren Eigenschaften und Zuständen gibt. Da sie dies nicht thut, kann jenes nicht der Fall sein.

---

[1]) Zeitschrift für Philosophie etc. von Dr. Achterfeld, Dr. Braun und Dr. Vogelsang. Neue Folge 1. Jahrg. I. Bd Köln 1840. Die interessanten Untersuchungen sind auf dem Wege der empirisch-physiologischen Selbstforschung angestellt.

3) „Der Raum ist kein discursiver oder, wie man sagt, allgemeiner Begriff von Verhältnissen der Dinge überhaupt, sondern eine reine Anschauung. Denn erstlich kann man sich nur einen einigen Raum vorstellen, und wenn man von vielen Räumen redet, so versteht man darunter nur Theile eines und desselben alleinigen Raumes. Diese Theile können auch nicht vor dem einigen allbefassenden Raume, gleichsam als dessen Bestandtheile (daraus seine Zusammensetzung möglich sei), vorhergehen, sondern nur in ihm gedacht werden. Er ist wesentlich einig, das Mannigfaltige in ihm, mithin auch der allgemeine Begriff von Räumen überhaupt, beruht lediglich auf Einschränkungen."

Wir wollen es Kant hierbei nicht hoch anschlagen, dass er in der Ueberschrift doch den Raum als einen Begriff bezeichnet, [1]) sondern gleich zur Sache gehen. Dass der Raum wesentlich einig oder einfach sei, schliesst doch nicht aus, dass er ein Begriff sei. Die Logik scheidet ja bekanntlich geradezu die Begriffe in zusammengesetzte und einfache. Ieder Begriff, welcher Theilvorstellungen enthält, ist ein zusammengesetzter. Dagegen sind die Begriffe: eines, ja, nein, hier, dort, von, zu, bei etc. streng einfache Begriffe; denn jeder enthält bloss ein Merkmal. Gleiches gilt von den Begriffen: roth, grün, weiss etc., bewusst, klar, dunkel, lebhaft, ruhig, sein, (existiren) wirklich, möglich, nothwendig etc. Sie stehen in unserer Seele mit anderen Begriffen und mit Anschauungen immer in Verbindung und wecken sie daher leicht zu sich hinzu; sie selbst aber enthalten keine Theilvorstellungen, keine mehrfachen Merkmale, weshalb sie sich auch nicht definiren lassen; denn das Definiren kann immer nur durch Angabe der Theilvorstellungen geschehen. [2]) Wollte man Kant aber auch zugeben, dass die Vorstellung des

---

[1]) Was Dr. Ueberweg mit den Worten rügt: „Im Gebrauch der Termini ist Kant oft wenig streng."

[2]) J. G. Dressler, Logik S. 130.

Raumes kein Begriff im strengsten Sinn des Wortes sei, so folgt daraus doch wahrlich noch nicht, dass er dann eine reine Anschauung a priori sei. Will man die Vorstellung des Raumes, die Vorstellungen roth, grün, weiss etc. mit J. H. von Kirchmann [1]) zu den eigenschaftlichen und elementaren Trennvorstellungen rechnen, so ist damit der Raum ebensowenig eine Anschauung a priori, wie roth, grün, weiss etc. Wie diese Vorstellungen ihre Entstehung der Erfahrung verdanken, so auch der Raum. Ferner lassen auch wir die einzelnen Räume nur Theile des einigen Raumes sein; allein unzweifelhaft ging doch die Anschauung der einzelnen Räume [2]) der Abstraktion des alleinigen Raumes in der Erfahrung voraus, was wieder für die empirische Natur des Raumes spricht.

4) „Der Raum wird als eine unendlich gegebene Grösse vorgestellt. Nun muss man zwar einen jeden Begriff als eine Vorstellung denken, die in einer unendlichen Menge von verschiedenen möglichen Vorstellungen (als ihr gemeinschaftliches Merkmal) enthalten ist, mithin diese unter sich enthält; aber kein Begriff, als ein solcher, kann so gedacht werden, als ob er eine unendliche Menge von Vorstellung in sich enthielte. Gleichwol wird der Raum so gedacht (denn alle Theile des Raumes ins Unendliche sind zugleich). Also ist die ursprüngliche Vorstellung vom Raume Anschauung a priori und nicht Begriff.“

Wir geben zunächst hier die Widerlegung dieser Deduction von Prof. Dr. Ueberweg: [3]) „Die Behauptung, dass kein Begriff eine unendliche Menge von Theilvorstellungen

---

1) J. H. von Kirchmann, die Lehre vom Wissen etc. S. 22.

2) Hier fällt uns der Kästner so hoch angeschlagene Witz ein, welcher sich übrigens schon bei Friedrich von Logau findet:

„Wer da saget, dass kein Leer
Irgend wo zu finden wär,
Der hat nicht gesehn so weit
In die Beutel unsrer Zeit.“

3) Geschichte der Philosophie III. Bd. S. 170.

in sich enthalten könne, ist eine willkürliche, sofern es sich um ein potentielles Enthaltensein derselben in ihm handelt, actuell aber enthält unsere Raumvorstellung nicht eine Unendlichkeit unterschiedener Theile, und actuell erstreckt sich auch der Raum, den wir uns vorstellen, nicht in's Unendliche, sondern nur bis höchstens zu dem angeschauten Himmelsgewölbe hin; die Unendlichkeit der Ausdehnung liegt nur in der Reflexion, dass wir, wie weit wir auch gelangt sein mögen, immer noch weiter fortschreiten könnten, dass also keine Gränze eine schlechthin unüberschreitbare sei; hieraus aber folgt keineswegs, dass der Raum "eine bloss subjective Anschauung sei. Kant irrt, wenn er sagt: „Der Raum wird von uns als eine unendlich gegebene Grösse vorgestellt;" wir stellen uns den Raum bloss als eine Zusammenfassung sinnlicher Orte vor, welche von den bewohnenden Gestalten Form erhalten. Die vermeintliche Unendlichkeit des Raumes ist bloss eine Negation der Gränze in dieser Zusammenfassung; die Zusammenfassung selbst aber beweist evident das Empirische des Raumbegriffs.

§. 3.

Transscendentale Erörterung des Begriffs vom Raume.

„Ich verstehe unter einer transscendentalen Erörterung die Erklärung eines Begriffs, als eines Princips, woraus die Möglichkeit anderer synthetischer Erkenntnisse a priori eingesehen werden kann. Zu dieser Absicht wird erfordert, 1) dass wirklich dergleichen Erkenntnisse aus dem gegebenen Begriff herfliessen, 2) dass diese Erkenntnisse nur unter der Voraussetzung einer gegebenen Erklärungsart dieses Begriffs möglich sind."

„Geometrie ist eine Wissenschaft, welche die Eigenschaften des Raumes synthetisch und doch a priori bestimmt. Wass muss die Vorstellung des Raumes denn sein, damit eine solche Erkenntniss von ihm möglich sei? Er muss ursprünglich Anschauung sein; denn aus einem blossen Begriffe lassen sich keine Sätze, die über den Begriff hinausgehen, ziehen, welches doch in der Geometrie geschieht." (Einleitung V.)

Da wir unter No. V. der Einleitung nachgewiesen, dass die Annahme Kant's, als bestimme Geometrie die Eigenschaften des Raumes synthetisch und doch a priori, falsch ist, so fällt die von Kant aus dieser irrigen Annahme gezogene Folgerung für die Apriorität des Raumes von selbst. Allein, wenn auch beinahe zum Ueberfluss, so wollen wir doch noch zwei Autoritäten, nämlich Herder und Professor Ueberweg, hier sich für unsere Ansicht aussprechen lassen. Der erste sagt: [1]) „Die transscendentale Erörterung, dass ohne eine Anschauung des Raumes a priori keine apodiktisch-gewisse geometrische Sätze möglich wären, fällt ganz ins Leere. Die Geometrie zergliedert den Raum nicht; sie leitet nicht aus ihm her. Sie gebraucht ihn, wie er ihr sinnlich gegeben ist, als ein continuum uniforme, und ziehet auf ihn Linien und Figuren, ohne sich um das, was er der Metaphysik sei, auch nur zu bekümmern. Die Gewissheit keines einzigen Satzes der Mathematik folgt aus der metaphysischen Natur des Raumes; alle Figuren und Verhältnisse, die der menschliche Verstand auf ihn trug, d. i. in ihm merkbar machte, nehmen nicht von ihm, einem Nichts, ihre Beweiskraft; auf seinen leeren Rücken aber konnte man Sinn und Gedanken schreiben. Dass aus der Erklärung des Raumes durch eine Anschauung a priori die Möglichkeit der Geometrie als einer synthetischen Erkenntniss einzig und allein begreiflich werde, ist eine Täuschung. Hat die geometrische Erkenntniss i n s i c h keinen Grund, so wird sie ihr der palimpsestus Raum nicht geben. Er kann nichts geben, weil er selbst nichts hat, sondern nur zulässt." Prof. Ueberweg sagt: [2]) „Kant hat ebensowenig nachgewiesen, in welcher Art denn aus der vorausgesetzten Apriorität der Raumanschauung die Gewissheit der geometrischen Fundamentalsätze folge, wie andererseits, dass dieselbe aus einer

---

[1]) Metakritik S. 51.

[2]) Geschichte der Philosophie III. Bd. S. 170.

objectiv und empirisch begründeten Raumanschauung nicht folgen könne."

Schlüsse aus den obigen Begriffen.

Da die Kantische Ausführung über die obigen Begriffe erwiesenermassen falsch ist, so fallen die Schlüsse von selbst. Wir werden dieselben im einzelnen darum nur noch mit wenigen kritischen Bemerkungen beleuchten.

a) „Der Raum stellt gar keine Eigenschaft irgend einiger Dinge an sich, oder sie in ihrem Verhältniss auf einander vor, d. i. keine Bestimmung derselben, die an Gegenständen selbst haftete und welche bliebe, wenn man auch von allen subjektiven Bedingungen der Anschauung abstrahirte.

Da, wie wir oben gezeigt, der Raum ein empirischer Begriff ist, so stellt er allerdings an den Dingen haftende Formen, wie Ausdehnung und Gestalt dar. Auch nach Herbart sind die Formen der Erfahrung wirklich gegeben, da wir uns in der Auffassung eines bestimmten Objektes an die Verbindung des Wahrnehmungsinhaltes mit einer bestimmten Form gebunden fühlen und nicht, wie es bei bloss subjektivem Hinzudenken der Formen der Fall sein müsste, jeden beliebigen Inhalt in der sinnlichen Wahrnehmung selbst mit jeder beliebigen Form verknüpfen können. Ständen Grösse und Gestalt in gar keiner Verbindung mit dem Dinge an sich, wären sie bloss eine Zuthat des menschlichen Sinnes, so wäre es unbegreiflich, wie alle Menschen in der Bestimmung der Gestalt eines Dinges, z. B. einer Kugel, vollständig übereinstimmten.

b) „Der Raum ist nichts anderes, als nur die Form aller Erscheinungen äusserer Sinne d. i. die subjektive Bedingung der Sinnlichkeit, unter der allein uns äussere Anschauung möglich ist. Weil nun die Receptivität des Subjekts, von Gegenständen afficirt zu werden, nothwendiger Weise vor allen Anschauungen dieser Objekte vorher geht, so lässt sich verstehen, wie die Form aller Erscheinungen vor allen wirklichen Wahrnehmungen, mithin a priori, im Gemüthe gegeben sein könne, und wie sie als reine Anschauung, in der alle Gegenstände bestimmt werden müssen, Principien der Verhältnisse derselben vor aller Erfahrung enthalten können."

Dass die Form aller Erscheinungen vor allen wirklichen Wahrnehmungen im Gemüthe liegen könne, ist ebenso unmöglich, wie es unmöglich ist, mir eine Farbe vorstellen zu können, ohne sie vorher jemals gesehen zu haben.

Die Seele besitzt das Urvermögen, Anschauungen der Farbe und der Gestalt sich anzueignen; aber diese müssen ihr erst an Dingen ausser ihr gegeben sein; dann richtet sie ihr Streben auf die Eindrücke dieser Dinge und empfindet, nimmt wahr und schaut an. Auf diese Weise erhält sie Anschauungen von Gestalt, Farbe etc. Aus sich selbst heraus, vor aller Erfahrung vermag sie ebensowenig Auschauungen zu erzeugen, wie sich die Lymphgefässe selbst die Nahrungsstoffe erzeugen können, welche sie behufs der Ernährung aufzusaugen bestimmt sind.

„Dagegen ist der transscendentale Begriff der Erscheinungen im Raume eine kritische Erinnerung, dass überhaupt nichts, was im Raume angeschaut wird, eine Sache an sich, noch dass Raum eine Form der Dinge sei, die ihnen etwa an sich selbst eigen wäre, sondern dass uns die Gegenstände an sich gar nicht bekannt sind, und was wir äussere Gegenstände nennen, nichts Anderes als blosse Vorstellungen unserer Sinnlichkeit sind, deren Form der Raum ist, deren wahres Correlatum aber, d. i. das Ding an sich selbst, dadurch gar nicht erkannt wird, noch erkannt werden kann, nach welchem aber auch in der Erfahrung niemals gefragt wird."

Diese Schlussbemerkung der Betrachtungen über die Subjektivität des Raumes zeigt, wohin der transscendentale Idealismus führt. Herder sagt in sarkastischer, aber anschaulicher Weise: „Die ganze Transscendental-Dichtung soll den Beutel mit dem Gelde, den Raum mit allen seinen Gegenständen unter dem Vorwande in uns spielen, dass der Beutel nur eine Anschauung und die Dinge in ihm nicht Sachen, sondern nur durch den Beutel veranlasste Erscheinungen, mithin Vorstellungen seien, die uns zugehören.“ Zur Vorstellungserzeugung des Raumes sollen die Dinge durch ihr Nebeneinander gar nichts beitragen; nur durch die Form der Sinnlichkeit a priori, den Raum, sollen wir die Gegenstände ausser uns wahrnehmen. Dann sind also die äusseren Dinge nur in und durch unsere Gedanken wirklich, weil die Bedingung ihrer Erkenntniss eine rein subjektive ist. Existiren aber die Gegenstände dennoch wirklich und abhängig von unserer Vorstellung, ja bestimmen sie dieselbe, so kann unsere Erkenntniss des Raumes unmöglich eine subjektive Form a priori sein. Ueber eine andere Seite des transscendentalen Idealismus, nämlich die Unmöglichkeit der Erkenntniss des Dinges an sich, später.

Der transscendentalen Aesthetik zweiter Abschnitt. Von der Zeit.

§. 4.

Metaphysische Erörterung des Begriffs der Zeit.

1) „Die Zeit ist kein empirischer Begriff, der irgend von einer Erfahrung abgezogen worden. Denn das Zugleichsein oder Aufeinanderfolgen würde selbst nicht in die Wahrnehmung kommen, wenn die Vorstellung der Zeit nicht a priori zum Grunde läge. Nur unter deren Voraussetzung kann man sich vorstellen, dass einiges zu einer und derselben Zeit (zugleich) oder in verschiedenen Zeiten (nach einander) sei.“

Wir begegnen hier demselben famosen Cirkelschlusse, den wir unter No. 1. der metaphysischen Erörterung des Begriffs vom Raum näher qualificirten; wir verlieren darum hier kein Wort weiter darüber, sondern gehen gleich an die Untersuchung der wichtigen Frage, ob die Zeit nicht ein empirischer Begriff sei.

Wie das Nebeneinander die Quelle des Raumbewusstseins, so ist das Nacheinander die Quelle des Zeitbewusstseins. Der Mensch scheint längere Zeit hindurch in der Zeit gelebt zu haben, ohne ein Mass an ihre Dauer zu legen. Die historische Sprachforschung zeigt, dass sich die Dreitheilung der Zeiten des Zeitwortes nach Präsens, Perfect und Futurum erst äusserst spät entwickelte und kaum irgendwo völlig rein. Dr. L. Geiger[1]) sagt: „Der Unterschied des lateinischen faciebat und fecit, des französischen faisait, fit, a fait scheint der Sprachanschauung weit näher zu liegen. Man wird nicht im Stande sein, für jedes der drei Zeitverhältnisse in den indogermanischen Sprachen ein bestimmtes Kennzeichen abzugeben, das allen dazu gehörigen Tempusformen gemeinsam wäre. [2]) Vom Hebräischen muss es Jedem, der einige Sätze einer biblischen Stelle liest, auffallen, wie ganz vermischt hier die entsprechenden Formen gebraucht werden, wie bald eine von der Grammatik als Futurum bezeichnete Zeit für das gebraucht ist, was wir als Vergangenheit anzusehen gewohnt sind, bald umgekehrt; wobei es nur eines vorgesetzten und bedarf, um, wie sich die alten Grammatiker zwar ohne etwas an der Sache zu erklären, aber doch in Beziehung auf das Resultat ganz richtig, ausdrückten, Vergangenheit in Zukunft und Zukunft in Vergangenheit umzuwandeln. In der späteren Sprache ist dies freilich anders, und auch die übrigen semitischen, die uns erst auf vorgerückter Stufe in Literaturen vorliegen, gebrauchen, bis auf Ausnahmen, ihre Tempora wie wahre Zeitformen."

Der Mensch, dessen Blick gen Himmel gewendet, sah die Sonne nach und nach an verschiedenen Räumen des Himmelsgewölbes. Die Dauer von einem Sonnen-Aufgang bis zum anderen gab ihm zuerst in dem Tage ein Zeitmass, das er sich bald durch den verschiedenen Stand der Sonne

---

1) L. Geiger, Ursprung und Entwicklung der menschl. Sprache und Vernunft S. 387.

2) L. Meyer, über Tempusbildung und Perfecta mit Präsensbedeutung in Or. und Occ. I. 201. Müller, einiges zur Theorie des semitischen Verbalausdruks, ebend. III, 327 ff.

in Morgen, Mittag und Abend eintheilte.[1]) Die zweite Veranlassung zu einem Zeitmass war der Mond. Die Dauer, in welcher die Mondphasen wiederkehren, nämlich 29½ Tag, bildete den synodischen Monat Zwölf dieser Perioden machen 354 Tage — das Mondenjahr. Diese Zeitmasse waren, wie wir aus der mosaischen [2]) Erzählung von der Sündflut erkennen, vor derselben, also in den allerältesten Zeiten bekannt. Nach manchen Irrungen mochte man endlich die Zeit von 365 Tagen finden — das sogenannte ägyptische Jahr, welches sehr lange im Gebrauch war. Der erste der griechischen Philosophen, Thales von Milet, war in astronomischer Beobachtung schon so weit vorangeschritten, dass Herodot (I,74) von ihm erzählt, er habe die Sonnenfinsterniss vorhergesagt, welche während einer Schlacht zwischen den Lydern und Medern eingetreten sei. Sein Nachfolger Anaximander verfertigte schon Sonnenuhren. Doch es würde uns zu weit führen, wollten wier hier die allmähliche Entwicklung der Zeit und des Zeitmasses unter den griechischen Philosophen weiter verfolgen. Es handelte sich für uns nur darum, zu zeigen, wie sich allmählich in dem Menschengeschlecht durch Beobachtung von dem Nacheinander von Erscheinungen und durch Erfahrungen über das Messen der Dauer derselben eine Anschauung von der Zeit bildete. Allmählich erst brachte es der Mensch dahin, „sich die immer und immer wiederkehrende Reihe der Tage und Nächte nachahmend durch Striche und andere Symbole als ein wiederkehrendes Quantum der Tage zu merken, d. h. zu zählen. Von allen Völkern des Alterthums wird dieser Fund einer Zeitbestimmung durch Zahl heilig gehalten und die rohesten Völker haben sich chronologische Abbildungen gedichtet.

---

[1]) Suarez, disp. 50, s. X. No. 11: Hieraus endlich wird erschlossen, dass es einige Zeit in der Welt gibt, welche den eigentlichen Begriff eines äusserlichen Masses hat, und dass diese in der Bewegung des Himmels ist. Dies ist die Meinung des Aristoteles, den Philosophen und Theologen auslegen und ihm folgen."

[2]) 1. Buch Mosis 7, 11. 13; 8, 14 bis 18.

Aber auch in dem Nacheinander der einzelnen Zustände seiner selbst fand der Mensch eine Quelle zur empirischen Entwicklung seines Zeitbewustseins. „Die Ablösung der äusseren Objekte des Gesichtssinnes (der Tastsinn hätte das Nämliche geleistet), die Erstreckung im Raum ist für das Bewusstsein von der inneren Ablösung seiner Zustände begleitet und diese letztere fasst er (der Mensch) als Zeitfluss. Das Mass der Zeit hängt demnach für das Individuum von der gewohnheitsmässigen oder sonst eigenthümlichen Leichtigkeit der Ablösung der Bewusstseinszustände ab. Es wird dieses Grundmass natürlich verschieden sein für verschiedene Individuen, ja es pflegt für dasselbe Individuum in verschiedenen Stadien ein verschiedenes zu sein.[1]) Ja jedes Ding hat in der Art wie sich seine Veränderungen ablösen, ein anderes Zeitmass und wie wir von verschiedenen Räumen reden und diese erst durch Abstraction zu einem Continuum gedichtet werden, so ist es auch mit der Zeit. Alles dies beweist dass die Zeit ein empirischer Begriff und keine reine Anschauung a priori ist.

2) „Die Zeit ist eine nothwendige Vorstellung, die allen Anschauungen zum Grunde liegt. Man kann in Ansehung der Erscheinungen überhaupt die Zeit selbst nicht aufheben, ob man zwar ganz wohl die Erscheinungen aus der Zeit wegnehmen kann. Die Zeit ist also a priori gegeben.“

Weil Veränderungen und Bewegungen ein Nacheinander sind, so nehmen wir mit diesen Veränderungen auch deren Nacheinander oder die Zeit wahr. Veränderungen und deren Nacheinder bilden also zusammen eine Wahrnehmung. Keines geht dem anderen voraus; beides wird als ein Ganzes aufgefasst. Die empirische Psychologie gibt uns auch nicht die geringste Andeutung davon, dass die Anschauung der Zeit a priori der Anschauung der Veränderung vorausginge. Wie die Veränderungen nicht a priori gegeben sind, so ist es auch die Zeit nicht. Veränderlichkeit und deren Mass, die

---

1) Dr. F. K. Fresenius, a. a. O.

Zeit, sind unzertrennlich mit einander verknüpft. Hören Veränderungen auf, so hört auch deren Mass, die Zeit, auf. Nimmt man dagegen keine Rücksicht auf Veränderungen, so kann an sich von der Zeit ebensowohl abgesehen werden, wie von jeder anderen Bestimmung; so werden die Lehrsätze der Mathematik, der Logik, die Regeln der Sprache und selbst ein grosser Theil der Rechtsgesetze ohne alle Beimischung der Zeit vorgestellt und selbst die Ewigkeit ist bei Spinoza und Schleiermacher kein zeitliches ohne Ende fortdauerndes Sein, sondern ein Sein ausserhalb der Zeit oder ein zeitloses Sein." Wir fügen noch eine Stelle aus den klaren Ausführungen des scharfsinnigen Suarez [1]) über die Zeit hier bei. Derselbe sagt: „Zuerst ist gewiss, dass es in den Dingen der Art (den vergänglichen) eine reale successive Dauer gibt, welche wir jetzt unter diesem allgemeinen Begriff die continuirliche Zeit nennen, wiewohl dieses Wort nach dem gewöhnlichen Gebrauch auch eine besondere Bedeutung zu haben scheint, wie wir unten angeben werden. Diese Behauptung nun setzen alle Philosophen als an sich bekannt voraus; denn der gemeinsame Ausspruch und Sinn der Menschen ist, es gebe eine Zeit in den Dingen: dieser Uebereinstimmung günstig sind jene Worte der Schrift: „dass sie seien zu Zeiten und Tagen und Jahren." .... Der Grund des Schlusses aber ist, weil alles real Existirende und in seiner Existenz verbleibende Sein eine reale, ihm proportionirte Dauer hat wie aus dem ersten Abschnitt erhellt); es gibt aber unter dem Seienden einiges Successive, was so existirt, dass es nothwendig durch einiges Verweilen hindurch in seinem Sein verbleibt; denn dieses ist innerlich verknüpft mit der Succession, also ist in derartigen Dingen eine reale, ihnen proportionirte Dauer." Aus dieser Dauer und der Dauer der sich ablösenden Veränderung wird der Begriff Zeit empirisch gewonnen.

3) „Auf die Nothwendigkeit a priori gründet sich auch

---

[1]) Disp. 40, s. VIII. n. 8.

die Möglichkeit apodiktischer Grundsätze von den Verhältnissen der Zeit oder Axiomen von der Zeit überhaupt. Sie hat eine Dimension: verschiedene Zeiten sind nicht zugleich, sondern nacheinander. Diese Grundsätze können aus der Erfahrung nicht gezogen werden: denn diese würde weder strenge Allgemeinheit, noch apodiktische Gewissheit geben."

Alle Regeln und Axiomen über die Bewegung stammen aus der Erfahrung. Der Verstand verglich verschiedene Bewegungen in der Erfahrung mit einander an einem für alle Bewegungen durch die Erfahrung gewonnenen Zeitmasse. Als solches nimmt die heutige Dynamik die Sekunde an. Wie die Gesetze der Bewegungslehre durch den Verstand aus der Erfahrung abgeleitet sind, und nichts anderes ausdrücken, als in ihnen gegebene Verhältnisse, das beweist schon die in diesen Gesetzen vorkommende Verbindung zu Proportionen, deren Wesen es ist, dass sie aus Verhältnissen bestehen Z. B. S : S 1 = T : T 1 d. h. bei zwei Körpern, welche sich mit gleicher Geshwindigkeit bewegen, verhalten sich die zurückgelegten Wege, wie die darauf verwandten Zeiten. Weil aber diese Gesetze durch Induktion aus der Erfahrung gewonnen sind, darum ist ihre Allgemeinheit nichts als Hypothese. Wenn uns hierin irgend jemand Autorität sein kann, so ist es gewiss der geniale Britte Is. Newton, dessen bewunderungswürdiger Verstand der Schöpfer der physischen Astronomie, der Mechanik des Himmels, wurde. Newton ist nun mit Berufung auf Galilei, Wren Wallis und Huygens ganz entschieden der Ansicht, dass Beobachtung und Abstraktion aus der Beobachtung die alleinige Weise sei, wie die Bewegungslehre gefunden worden und behandelt werden solle. [1])

4) „Die Zeit ist kein discursiver, oder, wie man ihn nennt, allgemeiner Begriff, sondern eine reine Form der sinnlichen Anschauung. Verschiedene Zeiten sind nur Theile eben derselben Zeit. Die Vorstellung, die nur durch einen einzigen

---

[1]) Siehe Princc. p 6 IV.p. 7 rr. besonders p. 19.

Gegenstand gegeben werden kann, ist aber Anschauung. Auch würde sich der Satz, dass verschiedene Zeiten nicht zugleich sein können, aus einem allgemeinen Begriff nicht herleiten lassen."

Wir bitten, sich hier der Widerlegung zu erinnern, die wir auf den ganz analogen Beweis unter No. 3 der metaphysischen Erörterung des Begriffs vom Raume gaben. Allerdings sind verschiedene Zeiten zugleich nicht nur möglich, sondern wirklich. Wir haben unter No. 1 gezeigt, dass jedes Ding nach der Art, wie sich seine Veränderungen ablösen, ein anderes Zeitmass hat. Diese Zeitmasse fasste man idealiter unter ein Zeitmass zusammen und so entstand der Begriff Zeit. Die Zeit ist also allerdings ein discursiver, oder, wie man ihn nennt, allgemeiner Begriff und zwar der Begriff des Masses von der Dauer der Veränderungen.

5) „Die Unendlichkeit der Zeit bedeutet nichts weiter, als dass alle bestimmte Grösse der Zeit nur durch Einschränkungen einer einigen zum Grunde liegenden Zeit möglich sei. Daher muss die ursprüngliche Vorstellung Zeit als uneingeschränkt gegeben sein. Wovon aber die Theile selbst und jede Grösse eines Gegenstandes nur durch Einschränkung bestimmt vorgestellt werden können, da muss die ganze Vorstellung nicht durch Begriffe gegeben sein (denn diese enthalten nur Theilvorstellungen), sondern es muss ihnen unmittelbare Anschauung zum Grunde liegen."

Allerdings liegt der Zeit unmittelbare Anschauung zum Grunde, aber empirische Anschauung, nicht Anschauung a priori. Da der Begriff Zeit, wie oben nachgewiesen, nur durch die Theilvorstellungen von der vershiedenen Dauer der Veränderungen der Dinge entstand, so kann er nicht eine Anschauung a priori sein. Die Unendlichkeit der Zeit, die unmöglich eine Anschauung a priori sein kann, „da Unendlichkeit kein Bild gibt," ist nichts weiter als die Abstraktion von einander sich ablösenden Veränderungen auf eine unendliche Reihe von Veränderungen und eine unendliche Reihe des Ausdrucks für das Mass der Dauer dieser Veränderungen, nämlich der Zahl. Das historisch oder empirisch-psychologisch Richtige ist also gerade das Umgekehrte von dem, was Kant behauptet: „alle bestimmte Grösse der Zeit ist nicht, eine Einschränkung der einigen Zeit, sondern die Zeit ist eine Zusammenfassung aller bestimmten Grössen der Zeit." Die einzelnen Zeitläufte, von Kant Einschränkungen (sic!) genannt, waren zuerst im Bewusstsein und daraus entstand durch Zusammenfassung dieser Zeitläufte der Begriff Zeit. Freilich, wenn man die Speculation so transscendentiert, dass man sich im leeren Nichts bewegt, so haben Empirie und Realität Recht, einem solch transscendentalen Idealisten einen so bösen Streich zu spielen.

§. 5.

„Transscendentale Erörterung des Begriffs der Zeit."

„Hier füge ich noch hinzu, dass der Begriff der Veränderung und mit ihm der Begriff der Bewegung (als Veränderung des Orts) nur durch und in der Zeitvorstellung möglich ist; dass, wenn diese Vorstellung nicht Anschauung (innere) a priori wäre, kein Begriff, welcher es auch sei, die Möglichkeit einer Veränderung, die einer Verbindung contradictorisch-entgegengesetzter Prädikate z. B. das Sein an einem Orte und das Nichtsein eben desselben Dinges an demselben Orte) in einem und demselben Objekte begreiflich machen könnte. Nur in der Zeit können beide contradictorisch-entgegengesetzte Bestimmungen in einem Dinge, nämlich nach einander anzutreffen sein."

Allerdings können Veränderungen und Ortsbewegungen nur in der Zeit, d. h. als ein Nacheinander gedacht werden. Warum aber dies? Etwa weil wir die Zeit als ein Nacheinander in die Veränderungen hineinlegen, „gleichsam als Zuthat; sie als „Form unseres inneren Sinnes schon mitbringen? Wäre das nicht eine gewaltsame Trennung, wenn wir zwei Wahrnehmungen, die wir bei einer Anschauung als ein durchaus zusammengehöriges Ganzes mit einem Male in unsere Seele aufnehmen, wie Veränderung und das Nacheinander derselben, wenn wir so Zusammengehöriges auseinanderrissen, um einen Theil dieses Ganzen dem anderen a priori vorangehen zu lassen? Unser Selbstbewustsein weiss von einem solchen Vorangehen nicht das Mindeste. Die Zeit, „als eine Form“, kann doch wahrlich das Nacheinander in den Veränderungen in unseren Gefühlen und Gedanken nicht hervorbringen, sondern umgekehrt, dies Nacheinander gibt die „Form“ d. h. den Begriff der Zeiten. Indem ich in den Veränderungen auf ihre Folge nach einander merke, dies das Nacheinander meiner Empfindungen und Gedanken bewirkt, tritt der Verstand hinzu, fasst das Nacheinanderfolgen als eine Reihe auf, deren Theile er durch Zählen markirt und so schafft er sich den Begriff der Zeit als Dauer der einander folgenden Veränderungen. Nur auf diesen aus der Erfahrung von dem Verstande gewonnenen Zahlverhältnissen beruht die Bewegungslehre, deren wahre Natur wir unter §. 4. No. 3 dargelegt haben.

§. 6.

Schlüsse aus diesen Begriffen.

Da die Voraussetzungen erwiesenermassen irrig sind, so fallen auch hier, wie beim Raum, die Schlüsse von selbst. Doch wollen wir sie im einzelnen noch mit einigen kritischen Bemerkungen begleiten.

a) „Die Zeit ist nicht etwas, was für sich bestände oder den Dingen als objektive Bestimmung anhinge, mithin übrig bliebe, wenn man von allen subjektiven Bedingungen der Anschauung derselben abstrahirt; denn im ersten Fall würde sie etwas sein, was ohne wirklichen Gegenstand dennoch wirklich wäre. Was aber das zweite betrifft, so könnte sie als eine den Dingen selbst anhangende Bestimmung oder Ordnung nicht vor den Gegenständen als ihre Bedingung vorhergehen und a priori durch synthetische Sätze erkannt und angeschaut werden.“

Was das Zweite betrifft, so kann die Zeit, wie oben dargelegt, dies wirklich nicht; weil sie keine den Gegenständen als Bedingung vorhergehende Anschauung a priori ist.

b) „Die Zeit ist nichts Anderes, als die Form des inneren Sinnes d. i. des Anschauens unserer selbst und unseres inneren Zustandes."

Die Zeit ist die Form des inneren Sinnes sagt entweder gar nichts, oder es sagt, dass auch unsere Empfindungen und Gedanken ebenso auf einander folgen, wie die Veränderungen in der Körperwelt. Das Messen der Dauer dieser Folge nun ist doch wahrlich nicht durch eine Form, durch eine Anschauung a priori möglich, sondern kann nur durch Beobachtung mit Hilfe des vergleichenden, rechnenden Verstandes erfolgen.

c) „Die Zeit ist die formale Bedingung a priori aller Erscheinungen überhaupt. Der Raum als die reine Form aller äusseren Anschauung ist als Bedingung a priori bloss auf äussere Erscheinungen eingeschränkt. Dagegen weil alle Vorstellungen, sie mögen nun äussere Dinge zum Gegenstande haben oder nicht, doch an sich selbst, als Bestimmungen des Gemüths, zum inneren Zustande gehören, dieser innere Zustand aber, unter der formalen Bedingung der inneren Anschauung, mithin der Zeit gehört, so ist die Zeit eine Bedingung a priori von aller Erscheinung überhaupt, und zwar die unmittelbare Bedingung der inneren (unserer Seelen) und eben dadurch mittelbar auch der äusseren Erscheinungen."

Wir haben gesehen, dass der äussere Sinn durch das Nacheinanderfolgen der Veränderungen und der Bewegung gerade so unmittelbar zu dem Begriff der Zeit führt, wie der innere Sinn durch das Nacheinanderfolgen der Empfindungen und Gedanken unmittelbar dazu führt. Es ist darum gewiss nicht gerechtfertigt, dass Kant die Zeit die Form des inneren Sinnes sein lässt, während er den Raum zur Form des äusseren Sinnes macht.

Ferner müsste nach der Apriori-Vorstellung Kants von der Zeit auch der Wechsel derselben zur Apriori-Vorstellung gehören. Denn diese Bewegung kann aus der Zeit nicht entfernt werden, ohne die Zeit selbst aufzuheben. Dass aber der Wechsel zu einer Vorstellung a priori gehören könne, dem widerspricht Kant selber in der Einleitung mit den Worten: „Veränderung ist ein Begriff, der nur aus der Erfahrung gezogen werden kann.“ Da nun aber der Wechsel der Zeit der Zeit wesentlich ist: so kann auch die Zeit, wie deren Wechsel nur aus der Erfahrung gezogen werden; mithin ist sie keine Anschauung a priori.

§. 7.

„Erläuterungen.“

Gegen das Argument, dass die Wirklichkeit des Wechsels unserer eigenen Vorstellungen die Wirklichkeit der Zeit beweise, macht Kant die Bemerkung, dass auch die Objekte des inneren Sinnes nur zur Erscheinung gehören, welche jederzeit zwei Seiten habe, die eine, da das Objekt an sich selbst betrachtet werde, die andere, da auf die Form der Anschauung desselben gesehen werde, welche nicht in dem Gegenstande an sich selbst, sondern in dem Subjekt, dem derselbe erscheine, gesucht werden müsse. Diese Bemerkung widerlegt Dr. Ueberweg treffend mit den Worten: Die Unterscheidung würde, auch wenn ein „innerer Sinn“ in der Art, wie Kant denselben annimmt, wirklich bestände, doch nicht zutreffen, weil bei der psychologischen Selbstbeobachtung das Subjekt, dem die inneren Zustände erscheinen, mit dem Objekt, dem sie angehören, identisch ist; die Erscheinung des Vorstellungslaufs dürfte nicht bloss als ein untreues Abbild der an sich zeitlosen, den inneren Sinn afficirenden inneren Zustände, sondern müsste auch als ein durch die Affektion in der Seele oder in dem Ich wirklich gewordenes, dem Seienden als solchem und nicht bloss der Erscheinung angehörendes Resultat betrachtet werden; zudem ist über die Natur des inneren Sinnes anders zu urtheilen, s. m. System der Logik, §. 40.“

„Aber diese Erkenntnissquellen a priori (Raum und Zeit) bestimmen sich eben dadurch (dass sie bloss Bedingungen der Sinnlichkeit sind) ihre Gränzen, nämlich dass sie bloss auf Gegenstände gehen, so fern sie als Erscheinungen betrachtet werden, nicht aber Dinge an sich selbst darstellen. Jene allein sind das Feld ihrer Giltigkeit, woraus, wenn man hinausgeht, weiter kein objektiver Gebrauch derselben stattfindet."

Die Ausführungen hierüber siehe am Schlusse unserer Abhandlung.

§. 8.
Allgemeine Anmerkungen zur transscendentalen Aesthetik.

Sehen wir uns nun das Resultat der transscendentalen Aesthetik etwas näher an. Kant sagt:

I. „Wir haben also sagen wollen, dass alle unsere Anschauung nichts als die Vorstellung von Erscheinung sei; dass die Dinge, die wir anschauen, nicht das an sich selbst sind, wofür wir sie anschauen, noch ihre Verhältnisse an sich selbst so beschaffen sind, als sie uns erscheinen; und dass, wenn wir unser Subjekt oder auch nur die subjektive Beschaffenheit der Sinne überhaupt aufheben, alle die Beschaffenheit, alle Verhältnisse der Objekte im Raum und (in der) Zeit, ja selbst Raum und Zeit verschwinden würden, und als Erscheinungen nicht an sich selbst, sondern nur in uns existiren können. Was es für eine Bewandtniss mit den Gegenständen an sich und abgesondert von aller dieser Receptivität unserer Sinnlichkeit haben möge, bleibt uns gänzlich unbekannt." Diese Ausführungen widersprechen denjenigen in der Vorrede zur zweiten Ausgabe. In dieser Vorrede sagt Kant, dass die Vorstellungen der äusseren Sinne sich auf Gegenstände bezögen, denen ein Sein, ein Ding an sich selbst zu Grunde läge; „denn sonst würde der" (allerdings sehr) „ungereimte Satz daraus folgen, dass Erscheinungen ohne etwas wären, was (besser: das) da erscheine." Nach den obigen Ausführungen nun soll es doch nicht ungereimt sein, dass wir auch bei „dem höchsten Grade der Deutlichkeit unserer Anschauungen" von den Erscheinungen doch der Beschaffenheit der Gegenstände an sich selbst nicht im Mindesten näher kämen; ferner soll es nicht ungereimt sein, dass die Erscheinungen erst hauptsächlich in die Erscheinung treten dadurch, dass eine „Form in uns" etwas wie Raum und Zeit in sie hineinlege. Nach den ersten Ausführungen muss hinter Schein etwas sein, das erscheint und nach den letzten sind diese Erscheinungen gleichsam Gespenster unserer Anschauungen a priori, also Schein von einem Schein. Unsere Erkenntnisse bezögen sich also in letzter Instanz auf einen Schein von einem Schein; sie enthielten aber nichts, das einem Gegenstande an sich selbst zukäme. Wer möchte solch erbärmlicher Erkenntnisse wegen auch nur einen Tropfen Schweiss vergiessen! Unwillkürlich drängen sich uns da die Worte des tiefen Denkers Jacobi auf [1]: „Entweder sind alle Erkenntnisse letzten Ortes objektiv d. h. sie sind Vorstellungen von etwas unabhängig von dem vorstellenden Subjekt Vorhandenen, so dass sie auch in dem göttlichen Verstande anzutreffen sein müssen, nur nicht auf eine eingeschränkte, endliche, sondern auf eine alle Verhältnisse zugleich umfassende, unendliche Weise; oder es gibt überall keine wahrhaft objektiven Erkenntnisse — keine Welt, keinen Gott." Ferner sagt Kant in der 6. Anmerkung der Vorrede zur zweiten Ausgabe: „Es bleibt immer ein Skandal der Philosophie und allgemeinen Menschenvernunft, das Dasein der Dinge ausser uns (von denen wir doch den ganzen Stoff zu Erkenntnissen selbst für unseren inneren Sinn her haben) bloss auf Glauben annehmen zu müssen, und, wenn es jemand einfällt, es zu bezweifeln, ihm keinen genugthuenden Beweis entgegenstellen zu können." Nach obigen Erläuterungen aber soll es nichts weniger als ein Skandal der Philosophie und allgemeinen Menschenvernunft sein, der Beschaffenheit der Gegenstände an sich auch nicht im Mindesten „näher kommen zu können."

„Wenn unsere Sinne uns gar nichts von den Beschaffenheiten der Dinge lehren, nichts von den gegenseitigen Ver-

---

[1]) S. Theil I, den 15. Brief in Allwill's Sammlung

hältnissen und Beziehungen, ja nicht einmal, dass sie ausser uns vorhanden sind: und wenn unser Verstand sich auf eine solche gar nichts von den Dingen selbst darstellende, objektiv platterdings leere Sinnlichkeit bezieht, so weiss ich nicht, was ich an einer solchen Sinnlichkeit und an einem solchen Verstande habe. [1])"

Nachdem wir gesehen, dass der transscendentale Idealismus Kant's am Ende zu einem leeren Blendwerk von etwas, zur Form einer Form, zum Schein eines Scheines führt, wollen wir nunmehr die Natur der Erkenntnisse der Dinge von unserem aus den Widerlegungen Kant's gekennzeichneten Standpunkte aus darlegen.

Nach Spinoza, Leibnitz und Jacobi stellt eine jede Seele zuerst, das ist unmittelbar, ihren Körper und nicht anders, als gemäss der Beschaffenheit und Einrichtung dieses Körpers die Welt vor. [2]) Mit derselben Gewissheit, womit wir uns selbst gewahr werden, werden wir auch andere wirkliche Dinge ausser uns gewahr. „Das Ich, sagt der ältere Fichte, setzt ursprünglich schlechthin sein eigenes Sein; dann setzt das Ich sich entgegen ein Nicht-Ich. Dies Nicht-Ich ist bestimmt durch das Ich." Es entsteht nun die Frage, wie sieht es aus mit der Wahrheit dessen, was das Ich über das Nicht-Ich urtheilt. Jedes Urtheil besteht aus Begriffen. Jeder Begriff bezieht sich ursprünglich auf Wahrnehmung durch den äusseren oder inneren Sinn. (Auch Raum und Zeit, wie wir glauben zur Genüge erwiesen zu haben). „Selbst die reinsten Begriffe, oder wie Hamann sagt, die Jungfernkinder der Speculation sind davon nicht ausgenommen." Nun ist es aber Thatsache, dass uns unsere Sinne häufig täuschen, und darum scheint es verzeihlich, dass man argwöhnisch sagt, unsere Vorstellungen über die sinnliche Welt sind häufig Vorstellungen optischer Täuschungen. Betrachten wir eines der auffallendsten Beispiele dieser

---

[1]) Jacobi, David Hume S. 216.
[2]) Siehe besonders Leibnitz, Ibidem S. 62.

Art, nämlich das Beispiel der optischen Kammer. Wenn wir uns in einem verfinsterten Zimmer befinden, in dessen Fensterladen eine feine Oeffnung angebracht ist, und ausserhalb des Zimmers vor der Oeffnung sind leuchtende oder beleuchtete Gegenstände, so gewahren wir auf einer der Oeffnung gegenüberstehenden Wand die verkehrten Bilder dieser Gegenstände. Die Gegenstände bilden sich also verkehrt ab, und doch zeigt uns unser Auge die Gegenstände aufrecht, wir können also dem Auge nicht trauen! Ist dem so? Untersuchen wir die Sache etwas näher Wir brauchen nur zu erwägen, dass die Bilder unter sich dieselbe Lage haben, wie die Gegenstände, und dass daher, wenn diese auf der Retina des Auges verkehrt erscheinen, ja auch die Erdoberfläche sich verkehrt abmalen muss. Daher kommt es, dass unsere Seele das Verhältniss der Gegenstände zu einander richtig und der wirklichen Beschaffenheit gemäss wahrnimmt. „Wir sehen immer die Menschen mit den Füssen, die Bäume mit dem untersten Theile ihres Stammes, die Häuser mit ihren Fundamenten an dem Erdboden. Nur dann wäre es erlaubt, von Verkehrtsehen zu sprechen, wenn wir den einen Menschen mit Rüksicht auf den anderen in einer Lage erblickten, bei der sein Kopf da wäre, wo dieser seine Füsse hätte.“ Während wir hier also eine Täuschung der Augen wähnten, nimmt die Seele die Bilder dem Verhältniss der Wahrheit gemäss auf.[1]) Nach diesen Ausführungen dürfte die „tiefe und durchdachte“ Entwicklung über die Wahrheit der Sinneserfahrungen hier am Platz sein, die Jacobi aus dem Sophyle seines Freundes Hemsterhuis mittheilt. Nach dem Sophyle sind unsere Vorstellungen von den Gegenständen das Resultat der Beziehungen,

[1]) Eine weitere gründliche Ausführung über die beiden Fragen, warum wir, obwol wir ein und denselben Gegenstand mit zwei Augen sehen ihn doch nicht doppelt sehen, und warum wir den Gegenstand gerade sehen, während er doch auf der Betina umgekehrt sich abbildet, siehe in dem ausgezeichneten Lehrbuch der Philosophie von Dr. Albert Stöckl, pag. 44.

welche sich zwischen uns und den Gegenständen, und allem, was uns von den Gegenständen trennt, befinden. So sind zwischen uns und den sichtbaren Gegenständen Licht, unsere Augen, der Verfolg der Nerven. Setzen wir jetzt z. B. für den Gegenstand die Zahl 4, für den Inbegriff von allem, was zwischen uns und dem Gegenstand ist, die Zahl 3, und für die Vorstellung des Gegenstandes die Zahl 12. Nun wäre freilich 12 nicht = 4. Wäre aber die Zahl 4 nicht 4, so wäre 4 multiplicirt mit 3, nicht 12. Die Vorstellung = 12 ist also weder die reine Vorstellung der für den Gegenstand gesetzten Zahl 4, noch der für den Inbegriff dessen, was sich zwischen ihm und mir befindet gesetzten Zahl 3, nach der Handlung des Zusammen- und Aufnehmens: sondern sie ist die Vorstellung von 12. Betrachte ich nun z. B. eine Kugel, so gibt der äusserliche Gegenstand nebst allem, was sich zwischen ihm und mir befindet (der gesammte Eindruck und seine Aufnahme in mir), diejenige Vorstellung, die ich eine Kugel nenne. Betrachte ich eine Säule: so gibt der äusserliche Gegenstand nebst allem, was sich zwischen ihm und mir befindet, diejenige Vorstellung, die ich eine Säule nenne: da aber, was sich zwischen mir und der Kugel befindet, dasselbe ist, was sich auch zwischen mir nnd der Säule befindet, so muss ich schliessen, dass der Unterschied, welchen ich zwischen der Kugel und der Säule wahrnehme, sich in den Gegenständen selbst befindet. Auf diese Weise also zeigt Hemsterhuis, dass eine wahrhafte Analogie zwischen den Dingen und unseren Vorstellungen von ihnen sein müsse, und dass in den Verhältnissen unserer Vorstellungen die Verhältnisse der Dinge selbst auf das Genaueste gegeben werden, [1]) was auch die Erfahrung bestätigt, indem sonst

---

[1]) Descartes zählt zu den communes notiones (d. h. Axiomen und ewigen Wahrheiten, die gleich dem Satze: ich denke, ich bin, unzweifelhaft klar und wahr sind) den Satz: Alle Dinge verhalten sich in Ordnung auf die Wahrheit selbst genau so, wie sie sich in Ordnung auf unsere Wahrnehmung verhalten. Resp. IV, 124.

schwerlich eine Erfindung der Kunst, deren Ausführung nach einem blossen Ideal versucht werden muss, je in Wirklichkeit zutreffen und gelingen würde.

Schliesslich machen wir noch auf einen Widerspruch aufmerksam, in welchen Kant mit sich selbst gerathen ist. In §. 1 sagt er: die Art, wodurch sich unsere Erkenntniss unmittelbar auf Gegenstände bezieht und worauf alles Denken als Mittel abzweckt, ist die Anschauung. Diese aber findet nur statt, sofern uns der Gegenstand gegeben wird, dieses aber ist wiederum, uns Menschen wenigstens, nur dadurch möglich, dass er das Gemüth auf gewisse Weise afficiere Die Wirkung eines Gegenstandes auf die Vorstellungsfähigkeit ist Empfindung." Kant spricht also hier von Dingen, die Eindrücke auf die Sinne ausüben und so Vorstellungen hervorrufen. Nun sind aber nach Kant die Dinge nur Vorstellungen im Menschen, die gar nichts von einem Dinge, das etwa ausser uns sein, oder worauf die Erscheinung sich beziehen mag, darstellen, sondern von allem wirklich Objektiven ganz leere, bloss subjektive Bestimmungen des Gemüthes, nur Vorstellungen, die am Ende bloss auf „Bestimmungen des inneren Sinnes" auslaufen. Wie aber diese Bestimmungen des Gemüthes selber Eindrücke auf das Gemüth hervorbringen, und es afficieren können, bleibt ungelöst. Anfang und Schluss der transscendentalen Aesthetik vernichten einander. Der Anfang lässt ein Objekt auf ein Subjekt wirken; der Schluss aber deduciert das Objekt aus dem Subjekt.

„Da die Sätze der Geometrie synthetisch a priori und mit apodiktischer Gewissheit erkannt werden, so frage ich: woher nehmt ihr dergleichen Sätze und worauf stützt sich unser Verstand, um zu dergleichen schlechthin nothwendigen und allgemein giltigen Wahrheiten zu gelangen? Es ist kein anderer Weg, als durch Begriffe oder durch Anschauungen; beide aber als solche, die entweder a priori oder a posteriori gegeben sind. Die letzteren empirische Begriffe, imgleichen das, worauf sie sich gründen, die empirische Anschauung, könnon keinen synthetishen Satz geben, als nur einen solchen, der auch bloss empirisch d. i. ein Erfahrungssatz ist, mithin niemals Nothwendigheit und absolute Allgemeinheit enthalten kann, dergleichen doch das Charakteristische aller Sätze der Geometrie ist."

Kant glaubt die Apriorität des Raumes aus dem Dasein allgemeiner und nothwendiger Sätze der Geometrie beweisen zu können. Dass er hierin irrt, haben wir unter No. II. der Einleitung gezeigt.

Indem wir darauf verweisen, fügen wir hier noch einiges bei. Damit die Einbildungskraft sich mathematische Figuren construiren könne, muss sie die Vorstellung der Bewegung haben. Nun ist aber Bewegung selber ein empirischer Begriff. Ich muss aber auch ferner mir etwas denken, das sich bewegt und etwas, in dem oder auf dem die Bewegung geschieht, z. B. eine Fläche, auf welcher ich Gestalten beschreibe. Bei diesem bloss gedachten Vorgang muss ich aber schon wieder die Vorstellungen Anfang, Richtung, Ende und Grund der Bewegung zu Hilfe nehmen; erst dann entsteht eine Figur. Das M a t h e m a t i s c h e an der Figur ist eben die Art und Weise der Bewegung. Die Erfahrung zeigt mir nun, dass bei der „Stetigkeit des Raumes durch dieselbe Art und Weise der Bewegung stets dieselbe Figur entsteht. Die Allgemeinheit des Lehrsatzes wird also hier aus der Erfahrung dadurch erkannt, dass ich mir beliebig viele einzelne Figuren derselben Art, z. B. beliebig viele Cirkeln auf dieselbe Art der Construktion beschreiben kann. Angenommen es fehlte mir Bewegung, Anfang und Ende derselben, wie käme es dann je zur Figur und zum mathematigen Beweise an derselben? Nur durch Construction und der aus der Erfahrung geschöpften Möglichkeit, beliebig viele solcher Constructionen erzeugen zu können, erhalten die geometrischen Sätze die angenommene Allgemeinheit und apodiktische Gewissheit.

II. „Zur Bestätigung dieser Theorie von der Idealität des äusseren sowohl als inneren Sinnes, mithin aller Objekte der Sinne, als blosser Erscheinungen kann vorzüglich die Bemerkung dienen: dass Alles, was in unserem Erkenntniss zur Anschauung gehört (also Gefühl der Lust und Unlust und den Willen, die gar nicht Erkenntnisse sind, ausgenommen), nichts als blosse Verhältnisse enthalte, der Oerter in meiner Anschauung (Ausdehnung), Veränderung der Oerter (Bewegung) und Gesetze, nach denen diese Veränderung bestimmt wird (bewegende Kräfte). Was aber in dem Orte gegenwärtig sei, oder was ausser der Ortsveränderung in den Dingen selbst wirke, wird dadurch nicht gegeben. Nun wird durch blosse Verhältnisse doch nicht eine Sache an sich erkannt; also ist wohl zu urtheilen, dass, da uns durch den äusseren Sinn nichts als blosse Verhältnissvorstellungen gegeben werden, dieser auch nur das Verhältniss eines Gegenstandes auf das Subjekt in seiner Vorstellung enthalten könne und nicht das Innere, was dem Objekte an sich zukommt. Mit der inneren Anschauung ist es eben so bewandt. Nicht allein, dass darin die Vorstellungen äusserer Sinne den eigentlichen Stoff ausmachen, womit wir unser Gemüth besetzen, sondern die Zeit, in die wir diese Vorstellungen setzen, die selbst dem Bewusstsein derselben in der Erfahrung vorhergeht und als formale Bedingung der Art, wie wir sie im Gemüthe setzen zum Grunde liegt, enthält schon Verhältnisse des Nacheinander-, des Zugleichseins und dessen, was mit dem Nacheinander zugleich ist (des Beharrlichen). Nun ist das, was als Vorstellung, vor aller Handlung irgend etwas zu denken, vorhergehen kann, die Anschauung, und, wenn sie nichts als Verhältnisse enthält, die Form der Anschauung, welche, da sie nichts vorstellt, ausser so fern etwas im Gemüthe gesetzt wird, nichts anderes sein kann, als die Art, wie das Gemüth durch eigene Thätigkeit, nämlich dieses setzen ihrer Vorstellung, mithin durch sich selbst afficiert wird d. i. ein innerer Sinn seiner Form nach."

Die Verhältnisse oder Beziehungen sind allerdings nicht aus dem Seienden entlehnt. Wenn also Raum und Zeit bloss

Beziehungen wären, dann könnten sie allerdings nicht aus der Wirklichkeit entlehnt sein. Raum und Zeit sind nun aber keine Verhältnisse oder Beziehungen: denn Verhältnisse beziehen sich stets auf Mehreres; von einem einzigen Gegenstand allein können sie gar nicht prädiciert werden. Nun enthält aber weder der Raum, noch die Zeit ein Mehreres. Kant spricht bei dem Raum von „Oertern," „Veränderung" der „Oerter„ um so ein Mehreres und dadurch Verhältnisse herauszubekommen; dadurch geräth er aber abermals in Widerspruch mit der Auseinandersetzung, die er selbst vom Raum unter der metaphysischen Erörterung des Begriffs Raum gegeben hat. Dort legt er dar, dass der Raum ein einiger sei. „Denn erstlich" sagt er, „kann man sich nur einen einigen Raum vorstellen und wenn man von vielen Räumen redet, so versteht man darunter nur Theile eines und desselben alleinigen Raumes. Er ist wesentlich einig." Denselben Widerspruch lässt sich Kant in Bezug auf die Zeit zu Schulden kommen. In den allgemeinen Anmerkungen sagt er: „Die Zeit enthält schon Verhältnisse des Nacheinander-, des Zugleichseins und dessen, was mit Nacheinander zugleich ist;" oben unter der metaphysischen Erörterung des Begriffs der Zeit dagegen sucht er ganz analog, wie beim Raume, darzulegen, dass die Zeit eine einige sei. Wenn nun Raum und Zeit kein Mehreres in sich enthalten, wie sie dies wirklich nicht thun; denn die einzelnen Räume und Zeiten, welche der Abstraktion des absoluten Raumes und der absoluten Zeit in der Anschauung vorausgingen, haben dieselbe Stetigkeit und Einheit, wie der ganze Raum, die ganze Zeit: so kann auch bei ihnen von Verhältnissen nicht die Rede sein, und die von Kant hiervon erwartete „Bestätigung seiner Theorie" löst sich in Nebel auf.

III. „Wenn ich sage: im Raum und der Zeit stellt sich die Anschauung sowohl der äusseren Objekte, als auch die Selbstanschauung des Gemüths, beides vor, so wie es unsere Sinne afficiert d. i. wie es erscheint, so will das nicht sagen, dass diese Gegenstände ein blosser Schein wären. Denn in der Erscheinung werden jederzeit die Objekte, ja selbst die Beschaffenheiten, die wir ihnen beilegen, als etwas wirklich Gegebenes angesehen, nur dass, so fern diese Beschaffenheit nur von der Anschauungsart des Sujekts in der Relation des gegebenen Gegenstandes zu ihm abhängt, dieser Gegenstand als Erscheinung von ihm selber, als Objekt an sich unterschieden wird. So sage ich nicht, die Körper scheinen bloss ausser mir zu sein, oder meine Seele scheint nur in meinem Selbstbewusstsein gegeben zu sein, wenn ich behaupte, dass die Qualität des Raumes und der Zeit, welcher, als Bedingung ihres Daseins, gemäss ich beide setze, in meiner Anschauungsart und nicht in diesen Objekten an sich liege. Es wäre meine eigene Schuld, wenn ich aus dem, was ich zur Erscheinung zählen sollte, blossen Schein machte."

In der That ist es „die eigene Schuld" Kant's, „dass er aus dem, was er zur Erscheinung zählen sollte, blossen Schein macht" Kant konnte nicht bestreiten, dass jeder Schein seine Ursache haben muss; deshalb liess er der Erscheinung ein Ding an sich zu Grunde liegen. Allein wenn die Gegenstände an sich völlig unerkennbar sind, wenn „aller Inhalt der Erscheinung" nicht von den Gegenständen an sich gilt, sondern nur, unserer Art der Anschauung derselben" angehört, so ist dieser Inhalt nichts als leerer Schein. Da aber Kant mit obiger Unterscheidung zwischen Erscheinung und Schein verhüten will, dass man aus seinem transscendentalen Idealismus die Folgerung ziehe, als führe derselbe zu einem leeren Schein; so wollen wir ihm diesen Nachweis etwas gründlicher und ausführlicher liefern, nur sei es uns verstattet die Beweisstellen dazu nicht blos aus seiner transscendentalen Aesthetik, sondern aus seinem ganzen Werke der Kritik der reinen Vernunft nehmen zu dürfen. Der Reichthum solcher Stellen ist so gross, dass wir uns nur auf die Anführung und Beleuchtung der schlagendsten Beispiele beschränken werden.

Bei der Kritik des zweiten Paralogismus sagt Kant: „Wäre die Materie ein Ding an sich selbst, so würde sie als ein zusammengesetztes Wesen von der Seele, als einem einfachen, sich ganz und gar unterscheiden. Nun ist sie aber bloss äussere Erscheinung, deren Substratum durch gar keine anzugebenden Prädikate erkannt werden kann."

Der vierte Paralogismus der Idealität. „Nun sind alle äusseren Erscheinungen von der Art, dass ihr Dasein nicht unmittelbar wahrgenommen, sondern auf sie, als die Ursache gegebener Wahrnehmungen, allein geschlossen werden kann. Also ist das Dasein aller Gegenstände zweifelhaft." Bei der Kritik des vierten Paralogismus: „Der transscendentale Idealist kann hingegen ein empirischer Realist, mithin, wie man ihn nennt, ein Dualist sein, d. i. die Existenz der Materie einräumen, ohne aus dem blossen Selbstbewusstsein hinauszugehen und etwas mehr als die Gewissheit der Vorstellungen in mir, mithin das cogito, ergo sum, anzunehmen. Denn weil er diese Materie und sogar deren innere Möglichkeit blos für Erscheinung gelten lässt, die, von unserer Sinnlichkeit abgetrennt, nichts ist, so ist sie bei ihm nur eine Art Vorstellungen, (Anschauung) welche äusserlich heissen, nicht als ob sie sich auf an sich selbst äussere Gegenstände bezögen, sondern weil sie Wahrnehmungen auf den Raum beziehen, in welchem Alles ausser einander, er selbst der Raum aber in uns ist. — Für diesen transscendentalen Idealismus haben wir uns schon im Anfange erklärt." Ferner ebendaselbst: „Nun kann man zwar einräumen, dass von unseren äusseren Anschauungen etwas, was im transscendentalen Verstande ausser uns sein mag, die Ursache sei; aber dieses ist nicht der Gegenstand, den wir unter den Vorstellungen der Materie und körperlicher Dinge verstehen; denn diese sind lediglich Erscheinungen d. i. blosse Vorstellungsarten, die sich jederzeit nur in uns befinden und deren Wirklichkeit auf dem unmittelbaren Bewusstsein eben so, wie das Bewusstsein meiner eigenen Gedanken, beruht. Der transscendentale Gegenstand ist, sowohl in Ansehung der inneren und äusseren Anschauung, gleich unbekannt. Von ihm aber ist auch nicht die Rede, sondern von dem empirischen, welcher alsdann ein äusserer heisst, wenn er im Raume, und ein innerer Gegenstand, wenn er lediglich im Zeitverhältnisse vorgestellt wird; Raum und Zeit aber sind beide nur in uns anzutreffen." Endlich in einer Anmerkung: Man muss diesen paradoxen, aber richtigen Satz wohl merken: dass im Raume nichts sei, als was im Raume vorgestellt wird, denn der Raum ist selbst nichts Anderes, als eine Vorstellung; folglich was in ihm ist muss in der Vorstellung enthalten sein, und im Raume ist gar nichts, ausser sofern es in ihm wirklich vorgestellt wird. Ein Satz, der allerdings befremdlich klingen muss: dass, eine Sache nur in der Vorstellung von ihr existiren könne, der aber hier das Anstössige verliert weil die Sachen, mit denen wir es zu thun haben, nicht Dinge an sich; sondern nur Erscheinungen d. i. Vorstellungen sind."

Es wäre uns ein Leichtes diese Stellen aus Kant's Schriften zu verzehnfachen; allein mit den mitgetheilten mag es genug sein. Die angeführten Stellen beweisen zur Evidenz, dass das, was wir wirkliche Gegenstände nennen, Kant nichts „als Vorstellungen" und zwar ganz leere Vorstellungen sind; denn es sind ja nur subjektive Bestimmungen des Gemüthes, und Bestimmungen in der Erscheinung, wie gross, gestaltet, beharrlich etc. gelten blos als objektiv, während sie es doch nicht sind: folglich sind auch die Erscheinungen nur ein Schein.

IV. „In der natürlichen Theologie, da man sich einen Gegenstand denkt, der nicht allein für uns gar kein Gegenstand der Anschauung, sondern der ihm selbst durchaus kein Gegenstand der sinnlichen Anschauung sein kann, ist man sorgfältig darauf bedacht, von aller seiner Anschauung (denn dergleichen muss alles sein Erkenntniss sein, und nicht Denken, welches jederzeit Schranken beweist) die Bedingungen der Zeit und des Raumes wegzuschaffen. Aber mit welchem Rechte kann man dieses thun, wenn man beide vorher zu Formen der Dinge an sich selbst gemacht hat, und zwar solche, die als Bedingungen der Existenz der Dinge a priori übrig bleiben, wenn man gleich die Dinge selbst aufgehoben hätte? Denn als Bedingungen alles Daseins überhaupt, müssten sie es auch vom Dasein Gottes sein".

Wie aus unserer ganzen Widerlegung erhellt, kennen wir weder ein a priori des Raumes, noch ein a priori der Zeit, mithin auch „keine Bedingungen alles Daseins überhaupt", noch weniger als Bedingung des Daseins Gottes. Wir setzen weder den Raum, noch die Zeit als etwas, das aller Erfahrung vorangehe, sondern als etwas, das mit aller Erfahrung anfange. Sobald der Mensch den Schauplatz seines Daseins betritt, macht er an sich und Anderem die Erfahrung des Raumes und der Zeit. Das prius und posterius dieses Wesens sind miteinander; denn ohne ein mit ihm gesetztes posterius könnte so wenig ein prius sein, als diess ohne jenes."

Das Erhabensein Gottes über Raum und Zeit denken wir in den Marken des Räumlichen und Zeitlichen lebende Menschen uns als ein Befreitsein von all diesen Schranken der Endlichkeit (extra termiminum=aeternum), die also auch durchaus nicht Bedingungen des Daseins eines unendlichen Wesens sein können. Uebrigens ist es wieder einer der Widersprüche Kants, das Dasein Gottes als Beweis für seine Theorie zu Hilfe nehmen zu wollen, während doch gerade diese seine Theorie zu dem Resultate gelangt, dass aus der Vernunft kein Beweis für das Dasein Gottes geführt werden könne!

§ 9.

„Beschluss der transscendentalen Aesthetik."

Kant glaubt in diesem Beschluss, „in den reinen Anschauungen a priori, Raum und Zeit", das Mittel gefunden zu haben, „durch welches synthetische Sätze a priori möglich sind", „die jedoch nicht weiter, als auf Gegenstände der Sinne reichen und nur für Objekte der Erfahrung gelten können."

Da wir nun den Nachweis geliefert, dass Raum und Zeit unmöglich Anschauungen a priori sind, dass ferner von diesen leeren Kant'schen Phantomen ebensowenig die Sätze der Geometrie, wie die der Bewegungslehre abgeleitet werden können: so fällt damit der ganze transscendentale Idealismus Kant's, der die Dinge in Schein verwandelt, die menschliche Erkenntniss bloss auf die Sphäre dieses Scheins beschränkt und damit leichten Hauchs das erhabene Licht der menschlichen Vernunft auslöscht.

Wenn Raum und Zeit nur subjektive Formen wären, welche die Bestimmungen der Erscheinung wie gross, gestaltet, beharrlich etc. etc. erst in die Erscheinung hineinlegten; wenn aber eben durch diese unvermeidliche Zuthat das Ding an sich „durch gar kein anzugebendes Prädikat erkannt werden kann": so bleibt es nach Kant unerklärlich, wie die Sätze der Geometrie und der Bewegungslehre sich in solcher Weise auf die Dinge anwenden lassen, dass diese ihnen stets gehorchen. Stammen dagegen Raum und Zeit und die Sätze der Geometrie und der Bewegungslehre aus der subjektiv-objektiven Erfahrung, so ist es klar, dass sich ihre Erkenntnisse auch wiederum in der Erfahrung allgemein bestätigen müssen.

Wie Spinoza wegen seiner Theorie über den Raum als einer ewigen unveränderlichen Substanz zum Pantheismus kam, so endet die Theorie Kant's über Raum und Zeit mit dem Atheismus und dem absoluten Nichtswissen über Freiheit und Unsterblichkeit. Kant sagt zwar: die menschliche Vernunft hat das besondere Schicksal in einer Gattung ihrer Erkenntnisse, dass sie durch Fragen belästigt wird, die sie nicht abweisen kann; denn sie sind ihr durch die Natur der Vernunft selbst aufgegeben.[1]) und ferner: „Diese unvermeidlichen Aufgaben der reinen Vernunft sind Gott, Freiheit und Unsterblichkeit,[2]) die wir, der Wichtigkeit nach, für weit vorzüglicher und ihre Endabsicht für viel erhabener halten, als Alles, was der Verstand im Felde der Erscheinungen lernen kann, wobei wir, sogar auf die Gefahr zu irren, eher Alles wagen, als dass wir so angelegentliche Untersuchungen aus irgend einem Grunde der Bedenklichkeit, oder aus Geringschätzung und Gleichgültigkeit aufgeben sollten." Allein nach seinen transscendentalen Untersuchungen ist das Versteigen in das Gebiet des „Uebersinnlichen und Geistigen eine Thorheit, welche nothwendig grundlose Behauptungen und eine schwärmerische Vertiefung in leere und unfruchtbare Träumereien der Phantasie zur Folge haben müsse." Arme, bedauernswerthe, menschliche Vernunft! Die du das besondere Schicksal hast, „durch Fragen belästigt zu werden", die du „nicht abweisen kannst". über welche du aber trotzdem nicht das Mindeste finden und wissen kannst, weil sie das „Gebiet der Gegenstände als Erscheinungen" überschreiten. Arme, dich vergebens um geistige Wahrheit zermarternde Vernunft, martere dich zu Tod, wenn du kannst, und versuche es, in die Bewusstlosigkeit (Nirvana) einzugehen! Wahrlich, Schopenhauer, du verdienst alle Hochachtung, der Konsequenz wegen, die du aus der Kant'schen Lehre gezogen und weil du mit Muth bekannt hast. „Mitleid mit dem Leid, das sich an alle Objektivirungen des Willens zum Leben knüpft und höchste Ertödtung — nicht des Lebens, sondern vielmehr — des Willens zum Leben in uns selbst durch Ascese. Die Welt ist nicht die beste, sondern die schlechteste aller möglichen Welten!" Ja, Schopenhauer, du sympathisirst mit Recht „mit den indischen Büssern und mit der buddhistischen Lehre „von

---

[1]) Anfang der Vorrede zur ersten Ausgabe vom Jahre 1781.

[2]) In der Einleitung unter Nro. III.

der Aufhebung des Leidens durch den Austritt aus der bunten Welt des Lebens (Sansara) und Eingang in die Bewusstlosigkeit (Nirvana).“ Dahin musste das System des Heroen der modernen Philosophie führen. Kant hat uns zwar in seiner Kritik der praktischen Vernunft das auf gefühlvolle Weise wieder importiren wollen, was er uns in der Kritik der reinen Vernunft entrissen: die edelsten Güter der Menschheit; allein dieser Versuch gelang mit Nichten. Ja, die Welt und die Vernunft wären nicht die beste Welt und die beste Vernunft, sondern die schlechteste Welt und die schlechteste Vernunft, ruhete das Gebäude des transscendentalen Idealismus auf Wahrheit. Da nun alle neuere deutsche Philosophie auf Kant als ihren Führer zurückgeht, sich entweder aufnehmend oder entgegensetzend zu ihm verhält: so ist es doppelte Pflicht, bevor man über Kant hinausgehen will, erst die Begründung des Philosophema Kant's zu prüfen. Wir haben in der vorliegenden Arbeit eine solche Prüfung unternommen, bei der es sich zeigte, dass die Stützen des Kant'schen Gebäudes fallen müssen, womit alsdann das Gebäude von selber fällt. Das einzige Motiv, das unserer Prüfung zu Grunde lag, ist das Streben nach — Wahrheit!

www.ingramcontent.com/pod-product-compliance
Lightning Source LLC
Chambersburg PA
CBHW021632270326
41931CB00008B/983

* 9 7 8 3 7 4 3 6 1 3 4 8 5 *